东北地区胶辽官话的时空变异研究

亓海峰　著

山东大学出版社
SHANDONG UNIVERSITY PRESS
·济南·

图书在版编目（CIP）数据

东北地区胶辽官话的时空变异研究/亓海峰著. —济南：山东大学出版社，2023.10

ISBN 978-7-5607-7943-0

Ⅰ.①东… Ⅱ.①亓… Ⅲ.①北方方言-方言研究-东北地区 Ⅳ.①H172.1

中国国家版本馆 CIP 数据核字（2023）第 188687 号

责任编辑 张彩芸
封面设计 蓝海文化

东北地区胶辽官话的时空变异研究
DONGBEI DIQU JIAOLIAO GUANHUA DE SHIKONG BIANYI YANJIU

出版发行 山东大学出版社
社　　址 山东省济南市山大南路 20 号
邮政编码 250100
发行热线 （0531）88363008
经　　销 新华书店
印　　刷 济南乾丰云印刷科技有限公司
规　　格 720 毫米×1000 毫米 1/16
　　　　 12 印张 226 千字
版　　次 2023 年 10 月第 1 版
印　　次 2023 年 10 月第 1 次印刷
定　　价 52.00 元

前言
Preface

胶辽官话分布在山东半岛、辽东半岛、吉林和黑龙江，山东半岛是胶辽官话的源头，东北地区的胶辽官话是伴随着明末清初以来历代“闯关东”移民的不断迁入而形成的。

关于胶辽官话已有较多的研究成果，但是这些成果主要研究的是分布在山东地区的胶辽官话，对于分布在东北地区的胶辽官话，不论是方言调查还是专题研究，都不够丰富，需要给予更多关注。

东北地区的胶辽官话由山东半岛一带迁入后，不断受到周边方言、本地土话的影响，方言层次新、形成历史短、与周边方言接触频繁，存在较多的变异性。本书对东北地区的胶辽官话展开纵向和横向相结合的调查研究，重在分析其在语言接触的影响下形成的方言变异，对东北地区胶辽官话共时平面正在发生的社会分层变异和地理差异进行研究，同时，以共时探历时，对胶辽官话不同区域的历时层次进行分析。

本书主要研究东北地区胶辽官话的地理分布、区域特征、内部差异，并重点选取了大连、东港、虎林三个方言点进行方言变异的调查研究。

首先在东北地区和山东地区各选取代表性方言点，从语音、词汇、语法等不同方面进行静态描写和共时比较，分析东北地区胶辽官话不同方言小片的异同以及与山东地区胶辽官话的差异。山东、东北两地方言之间的地域差异反映出胶辽官话以登连片为中心，逐步向北扩散，胶辽官话的方言特征渐趋减少。

在分区域静态调查的基础上，我们对大连方言、东港方言和虎林方言进行了方言变异的重点调查。大连方言和东港方言是胶辽官话位于辽东半岛的代表性方言点，我们对这两个方言点进行了多人次年龄差异的调查。对大连方言和东港方言的语音、词汇、语法变项，从年龄、性别、教育程度等不同维度所引起的变异做出深入分析，从而对方言共时变异的过程和特点进行探究。

虎林是东北地区胶辽官话的一个方言岛，虎林方言已有濒危趋势，我们从语言结构和语言活力两方面，对虎林方言濒危的现状进行描写分析和语言活力的评估，从而呈现出东北地区胶辽官话方言岛的消变过程。

山东半岛是胶辽官话的源头，而东北地区则是胶辽官话的支流，由于所处区域和形成历史的不同，东北地区的胶辽官话较之山东半岛的方言更易发生变异，其在东北官话、土话和普通话的共同影响下，处于快速的变异中。

本书在横向对比山东、东北两地胶辽官话的基础上，结合大连、东港、虎林三个方言点的变异现象，对东北地区胶辽官话变异的方式和动因进行分析，研究这一区域方言在方言接触条件下的变异现象、寻找其规律，希望丰富胶辽官话的研究，并有助于方言接触和方言变异的理论研究。

本书是在笔者主持的上海市哲社规划一般项目“东北地区胶辽官话的时空变异研究”的结项成果基础上修订而成的，在该项目调查和结项报告撰写过程中，博士生王帅、研究生尚国凤参与了方言材料的整理和初稿的审校工作，我们还获得了多位方言调查人的配合、支持。此外，山东大学的钱曾怡先生、恩师曾晓渝先生、游汝杰先生给了我许多指教和关怀，山东大学出版社对本书的出版给予了大力支持。在此表示衷心感谢！

由于本人学识有限，书中还有诸多疏漏之处，敬请方家同行批评指正。

亓海峰

2023 年 4 月

目录
Contents

第一章　东北地区胶辽官话概况

1.1　解题：方言接触与方言变异

1.1.1　语言（方言）变异理论

语言变异与变化是自20世纪60年代以来逐渐形成的语言学研究中的一个新的领域，可以说语言变异无处不在，关于语言变异与变化的研究现在已经形成了一些共识：任何自然语言的语言系统都是一个有序异质体，语言的变异性是语言的基本特征，各种语言变异的存在形式就是语言变体。"'语言变体'是一个内涵很宽泛的概念，大至一种语言的各种方言，小至一种方言中某一项语音、词汇或句法特征，只要有一定的社会分布范围，就是一种语言变体。"①

语言变异既可表现为共时平面的变异，也可表现为历时平面的变异，共时变异是共时平面同一种语言或方言的地域变异和社会分层变异，历时变异则体现为不同历史时期语言之间的差异。过去语言的历时变异（演变）是历史语言学关注的内容，社会语言学更多关注语言共时平面的变异，但随着语言学理论的不断发展，将共时的变异与历时的变异相结合，从共时的正在进行的变化中去寻求历时的语言变化的轨迹成为语言研究的一个关注点，也使社会语言学与历史语言学更好地结合起来，越来越多的社会语言学家通过对语言变异的研究，发现语言的共时变异折射了语言的历时变化。社会语言学者通过大量收取样本的方法收集语料，对语言变异现象进行定量分析，探求导致变异的外部因

① 游汝杰、邹嘉彦：《社会语言学教程》（第三版），复旦大学出版社2016年版，第30页。

素和内部因素。

1.1.2 语言（方言）接触与语言（方言）变异

引起语言变异、变化的原因很多，既有语言结构内部因素的影响，也有各种外部因素的影响，其中语言接触与语言变异（变化）的关系引起了很多研究者的注意，研究语言接触成为研究语言变异（语言变化）的重要途径。语言接触是导致语言变异的重要原因，相邻地域之间语言的长期接触必然导致语言结构的相互影响和渗透，引发各种语言变异现象，两种语言或方言接触的程度越深，变异的速度就越快，会导致不同语言成分的借用、趋同，或替代、结合，使两种语言相互竞争、融合或转用。

在汉语的发展过程中，接触现象无处不在，特别是汉语拥有丰富复杂的方言，不同方言之间的接触更是频繁。游汝杰认为“方言接触的表现或结果是方言的借用、杂交、萎缩、转用、兼用等现象”①，并从方言接触的角度对当代上海方言形成和变异的过程进行了分析。

1.1.3 东北地区胶辽官话的形成、变异与变化

本书的研究对象是分布在东北地区的胶辽官话，它是明末清初以来胶东移民在北迁的历史过程中形成的官话方言。大量的胶东人以占据的移民方式在地广人稀的东北地区垦荒，较好地保留了自己原有的方言，在辽宁、吉林和黑龙江一带形成了层次比较新的胶辽官话，它与山东地区的胶辽官话既有共同之处又有差异。东北一带的胶辽官话有混合性方言的性质，是胶东方言与东北的土著语言、周边的东北方言相互融合和竞争的结果，这种由于移民而造成的方言分化现象在汉语方言中并不少见，胶辽官话具有一定的代表性。

同时，地域方言之间的接触、地域方言与普通话的接触使胶辽官话在形成、分化以后仍处于不断地变异之中，这种正在进行的变异体现为方言内部的社会分层变异，共时变异中也投射出历时变异的轨迹。从语言接触的角度对东北地区胶辽官话的地域变异和社会变异进行研究是本书的主要内容。

---

① 游汝杰：《方言接触和上海话的形成》，邹嘉彦、游汝杰主编：《语言接触论集》，上海教育出版社 2004 年版，第319 页。

1.2　东北地区胶辽官话的地域分布和形成

胶辽官话是指分布在胶东半岛和东北地区的一种地域方言，是北方官话中比较有特色的一种方言。在东北地区，胶辽官话主要分布在辽东、辽南、吉林与辽宁交界地带以及黑龙江部分地区。

1.2.1　地域分布

整个胶辽官话地区共 87000 平方千米，总人口约 3500 万，他们分布在 45 个县市。胶辽官话在山东省主要分布在胶东地区，其三面环海，包括山东半岛沿海至潍坊的寒亭以及沂山山脉的青州、临朐一带，南部延伸至沂水、五莲，包括威海、烟台、青岛三市所辖地区的全部以及潍坊市的大部分和日照、临沂两市的部分地区。

胶辽官话在东北地区主要分布在辽宁省，在辽宁和吉林交界地带以及黑龙江省也有部分胶辽官话的方言点。在辽宁省主要分布在辽东半岛，西北至营口，东北至鸭绿江边的丹东、宽甸、桓仁，包括大连、营口、丹东以及岫岩等县市。在吉林省主要分布在辽宁和吉林交界地带的吉安、通化、长白等少数县市，其方言也带有胶辽官话的特点，同时吉林的几个方言点还交融了河北移民以及当地满族人汉语的一些特点，方言变化更为复杂。黑龙江省胶辽官话主要包括虎林和二屯两个方言岛。

张树铮①详细描述了胶辽官话的内部分区，将其分为登连片、青莱片和盖桓片。

登连片分布在山东省和辽宁省两地。山东省包括烟台市的芝罘区、福山区、莱山区、蓬莱区、龙口市、莱阳市、招远市、栖霞市、海阳市，威海市的环翠区、文登区、荣成市、乳山市，青岛市的莱西市；辽宁省包括大连市的金州区、旅顺口区、沙河口区、中山区、西岗区、甘井子区、普兰店区、瓦房店市、庄河市、长海县，丹东市的东港市，鞍山市的岫岩满族自治县。

青莱片都分布在山东省，大部分在青岛和潍坊两市，包括青岛市的市南区、市北区、李沧区、崂山区、黄岛区、城阳区、即墨区、平度市、胶州市，

① 张树铮：《胶辽官话的分区》，《方言》2007 年第 4 期。

潍坊市的寒亭区、高密市、安丘市、昌邑市、青州市、诸城市、临朐县，烟台市的莱州市，临沂市的沂水县，日照市的五莲县。

盖桓片主要分布在东北地区，包括辽宁省营口市的站前区、西市区、老边区、鲅鱼圈区、盖州市、大石桥市，丹东市的元宝区、振兴区、振安区、东港市、宽甸满族自治县，本溪市的桓仁满族自治县；黑龙江省鸡西市的虎林市，佳木斯抚远市的二屯。

钱曾怡进一步扩大了胶辽官话的范围，将吉林省通化市的集安市、通化县，白山市的临江市、长白朝鲜族自治县、抚松县也划入胶辽官话范围。①

1.2.2 方言形成的历史过程

胶东地区是胶辽官话的大本营，其历史久远。“从蓬莱、长岛发现的旧石器晚期的打制石器来看，胶东人的历史至晚在旧石器时代晚期就已开始。考古研究工作者公认胶东地区的原始文化跟山东西部地区存在不同。”② 据考古学家的发现，距今四千年以前东夷人就创建了“龙山文化”，胶东一带是典型的龙山文化地带，其中的杨家圈文化遗址就分布在今胶东方言的中心地带——烟台地区③，说明胶东地带自古以来就形成了自己独特的语言、文化圈。

胶东地区在虞夏时属于青州，商时属于莱国，周时齐灭莱，为齐属地，秦代设胶东郡，唐时在此地设登州和莱州，明代升莱州为莱州府，洪武年间升登州为登州府。胶东地区的方言常被称为“齐语”“东齐”等，西汉扬雄《方言》所记录的山东境内方言词有一百多条，据吴永焕研究，“东齐”在《方言》中出现了62次，29处单独列举……比如“东齐之间，婿谓之倩”“东齐土作谓之杼，木作谓之柚”等。④ 这表明，当时山东东部即相当于今山东半岛地区的方言已有一定的特征。东汉许慎的《说文解字》中明确引用方言俗语的材料有190多处，其中提到次数最多的是“楚”方言，其次是“秦”方言，再次是“齐”方言，可见东汉时期齐方言的特点也应该是很明显的。宫钦第（2008）提出秦汉时期胶东方言的情况开始零星出现于少量资料中，明清以来各方志中的胶东方言的材料记载呈逐渐增多之势，方言的地域分界逐渐清晰。明清以后反映胶东一带方言特点的韵书和历史文献也逐渐增多，张鸿魁

① 参见钱曾怡：《汉语官话方言研究》，齐鲁书社2010年版，第94页。

② 钱曾怡主编：《山东方言研究》，齐鲁书社2001年版，第8页。

③ 参见钱曾怡：《山东地区的龙山文化和山东方言分区》，《钱曾怡汉语方言研究文选》，山东大学出版社2008年版，第110~111页。

④ 参见吴永焕：《从〈方言〉所记地名看山东方言的分区》，《文史哲》2000年第6期。

在《明清山东韵书研究》（2005）中对《韵略汇通》《韵略新抄》等山东方言的韵书进行了研究，这两部韵书记录了当时山东的莱州一带俗字、俗音的状况。

辽东半岛是历史上地广人稀的地区，一直是少数民族和汉族的杂居地区，自近代开始的几次关内大规模移民导致辽宁地区人口逐渐增多，而这些移民主要是山东特别是胶东人的后裔，自海路迁移到东北地区垦荒、建设，可以说东北地区胶辽官话的形成始于近代以来的胶东移民北迁。

辽东地区很早就与中原地区开始了各种往来。在战国秦汉时期就在东北设立了辽西郡、辽东郡、玄菟郡等，《汉书·地理志》中记载了当时辽东郡的状况："辽东郡，户五万五千九百七十二，口二十七万二千五百三十九，县十八。"现在的辽东半岛大致在古辽东郡的管辖范围之内。[①]

明洪武年间在辽东地区设立按察分司，归山东管辖，辽东地区与山东地区从明代开始形成隶属关系并一直延续到清代。《复县志略·礼俗略》中记载了辽东一带"旧属山左登莱"[②]。

明末清初以来，战乱不断，本来就地广人稀的东北地区人口急剧下降，土地荒芜，不少地方有地无人。基于此，清政府自顺治年间开始，颁布了一系列鼓励关内人口出关垦荒的政策，大力鼓励关内人口向东北地区流动，比如《盛京通志》[③] 第23卷中记载了顺治十年（1653）颁布的《辽东招民开荒例》中采取的"招民数百者，每百名各加一级"等优惠政策。在清政府的大力鼓励下，关内人民开始源源不断地向东北地区流动。自清以来，辽东地区来自胶东地区的移民数量逐渐增多，如果细致区分，可以说辽东半岛的人口主要来自胶东地区，以清代所设的登州府人口最多，其次是莱州府，最后是青州府。

民国时期仍不断有大量山东移民闯关东到关外，据李德滨等（1994）的研究，1927年关内赴辽东的移民87%来自山东，1929年71%来自山东。

胶东的移民沿海北上到达辽东半岛以后，还有些移民从辽东半岛地区开始了二次搬迁，到达吉林和辽宁交界的地区，最远到达黑龙江的虎林、抚远一带。这种二次移民在清代后期和民国年间达到高峰。黑龙江地区历史上以少数民族为主，清代形成了以满、蒙古、赫哲等民族聚居的局面，由于地处

---

① 钱曾怡主编：《汉语官话方言研究》，齐鲁书社2010年版，第96页。

② 民国《复县志略》，1920年。

③ 乾隆《盛京通志》，清乾隆四十三年（1778）殿排本，转引自罗福腾：《胶辽官话研究》，山东大学博士学位论文，1998年，第20页。

偏远，一直地广人稀，自清废止闭锁令后，迁入辽东地区的移民也开始涌入黑龙江地区，移民增加了黑龙江人口的密度，其中只有黑龙江的虎林和抚远的二屯村山东移民比较集中，形成了两个胶东的移民村。从辽东半岛二次迁移的移民数量相对稀少，人口比较分散，主要集中在吉林的几个县市和黑龙江的虎林和抚远地区，在虎林和抚远形成了两个聚居区，同时也形成了两个方言岛。

伴随着近代以来源源不断的移民进程，在山东半岛、辽东半岛和黑龙江的虎林、抚远一带逐渐形成了具有共同特征、同源异域的胶辽官话。

1.2.3 胶辽官话的研究现状

1.2.3.1 已有成果

胶辽官话的研究早已引起学者关注。现在可以看到的比较早的胶辽官话的资料有清代潍坊人郭麐的《潍言》和道光年间的《胶州志》，二者均记载了当时方言的情况。新中国成立以来，关于胶辽官话语音、词汇和语法等方面的调查材料和研究成果逐渐增多，有代表性的如钱曾怡主编的《山东方言研究》（2001）以及近几十年来出版、发表的一系列的胶东地区方言志和单篇论文。

据统计，正式出版的胶辽官话的方言志和方言调查报告有二十多部，都集中于山东地区，比如《烟台方言报告》（钱曾怡，1982）、《平邑方言志》（李洪廷，1987）、《即墨方言志》（赵日新、沈明、扈长举，1991）、《平度方言志》（于克仁，1992）、《牟平方言志》（罗福腾，1992）、《潍坊方言志》（钱曾怡、罗福腾，1992）、《荣成方言志》（王淑霞，1995）、《沂水方言志》（张廷兴，1999）、《威海方言调查研究》（姜岚等，2006）、《莱州方言志》（钱曾怡、太田斋等，2005）、《日照方言研究》（娄华荣，2004）等。单篇论文百余篇，其中代表性的有《牟平方言的比较句和反复问句》（罗福腾，1981）、《山东平度去声分归阴平、阳平的语音考察》（吴永焕，2006）、《胶东话四声变三调的现状和趋势》（刘俊一，2012）、《日照方言知庄章和精见端的读音类型》（岳立静，2005）、《山东莱阳话的几种语音屈折形式》（宫钦第、栾瑞波，2010）、《山东东区东莱片方言的再分区》（洪小熙，2008）等。此外，张树铮（2005）、张鸿魁（2005）对胶辽官话的韵书进行了研究。罗福腾（1998）呈现了胶辽官话多地较为丰富的语音调查材料，并从移民迁移背景下对胶辽官话语音演变进行了描写和分析。宫钦第（2008）的博士学位论文侧重从音韵特征对胶东地区多点方言的语音特点进行研究。

东北地区胶辽官话的研究起步比较晚，调查资料和论文、著作尚不多见，主要是一些调查报告，比如《辽宁语音说略》（宋学等，1963）、《长海方言的儿化和子尾》（厉兵，1981）、《辽东半岛语音概况》（尚允川，1983）等。此外，《东沟县志》（许敬文，1996）、《长海县志》（《长海县志》编纂委员会，1984）、《桓仁县志》（1937）、《虎林县志》（刘翰章，1992）、《宽甸县志》（1915）等地方县志对当地的方言也有一些描写，但这些散见于地方志中的方言记录都较为简略，可以说东北地区大多数胶辽官话方言点尚缺少系统的调查材料。

东北地区胶辽官话的专题研究目前还不多，如《辽宁方言知、庄、章组的语音类型与特征》（杨春宇，2013）、《大连方言声调研究》（高玉娟，2007）、《辽宁方言语音研究》（杨春宇，2010）、《大连方言语音的过渡性特征》（刘丽丽，2020）等研究都从不同角度推进了东北地区胶辽官话的深入研究，但与山东地区的胶辽官话研究相比，关于东北地区的研究仍相对薄弱。

1.2.3.2 *存在问题*

就研究现状而言，以下几个方面尚存在明显不足，需要引起重视。

第一，对胶辽官话的研究不应只局限在山东地区，东北地区胶辽官话的调查研究亟待进行。分布在东北地区的胶辽官话是伴随着山东移民的不断迁入而发展起来的，它们与东北官话直接接触、互相影响。东北地区的胶辽官话与山东地区的胶辽官话同中有异，这种差异可以反映出在语言接触的影响下同源异域方言发展演变的特点和规律。目前与山东地区的胶辽官话相比，东北地区胶辽官话的研究明显滞后，不少方言点还缺少第一手的调查材料，比如庄河方言、长海方言、宽甸方言、丹东方言、普兰店方言、岫岩方言、盖州方言、桓仁方言、集安方言、通化方言等，东北地区胶辽官话研究的欠缺势必影响到胶辽官话研究的深度和广度。

第二，对胶辽官话方言岛的研究还很不充分。黑龙江省的虎林和抚远的二屯是两个胶辽官话的方言岛，其形成源于明清时期的移民，已有一定历史，因方言岛受到当地语言环境、使用人口、区域文化等多种因素的影响，对方言的研究具有独特价值。但是我们现在所看到的关于这两个方言岛的描写多为一笔带过的简单介绍，它们是如何形成的、现状如何、发生了哪些变化、与胶东和辽宁地区的胶辽官话相比有哪些共性和差异等，学界尚缺少细致的调查研究。据我们的初步调查，这两个胶辽官话方言岛处于东北官话的包围中已经出现了不同程度的衰变趋势，因此，对这两个方言岛进行“抢救式”的调查和研究很有必要，从微观层面深入细致地分析这两个胶辽官话方言岛的语音、词汇、语法等方面的特征及变化过程很有意义。

第三，研究理论和方法需要方言学、社会语言学、历史语言学等多学科的融合。如前所述，山东、辽宁、吉林、黑龙江的胶辽官话，由于所处地域不同，演变具有不同的语言特点。由于长期的语言接触，东北地区的胶辽官话变化较快、层次更新，与山东地区的胶辽官话相比，东北地区可能存在着更为丰富的语言变异现象，对胶辽官话的多角度研究有较大的拓展空间。这就需要我们在开展传统方言学调查的基础上，进行多角度研究。因此，把方言学、历史语言学和社会语言学等理论和方法结合起来，是由研究对象自身的特殊性决定的，可为本书深入研究提供新的研究视角。

1.3 研究意义和研究方法

1.3.1 研究意义

我们以移民背景下形成的东北地区胶辽官话为研究对象，旨在揭示方言接触下方言变异的规律和特点，具有比较重要的研究意义，具体表现为以下两点。

第一，丰富和深化语言接触与语言变异的理论。本书结合语言因素和社会因素，运用田野调查、量化分析、实验研究等研究方法，力求对胶东、辽南和黑龙江代表性方言点语言变异的特点和类型，做出完整、深入的描写与解释，探索方言之间接触、混合和变异的机制，有助于丰富和深化语言接触、语言变异的理论。

第二，从语言本体和语言活力两个方面为濒危方言的研究提供个案分析样本。本书采用社会语言学的研究方法，借鉴国内对濒危语言的研究成果，对胶辽官话虎林方言岛的语言活力和濒危程度做出正确的评估。同时，从方言岛的地域变异和年龄变异两方面，对语言本体特征进行细致描写和微观研究，比较胶辽官话方言岛——虎林方言在语音、词汇、语法特征消变方面的共性，从语言接触的角度分析方言岛语言特征的保持和变化，其调查研究结果具有一定理论价值。

1.3.2 思路和方法

本书基于山东、东北胶辽官话语言特点的共性和差异，对东北地区胶辽官话的方言特征、地域变异和历史层次进行分析，同时，重在从语言接触的角度对东北地区代表性方言点的变异现象进行深度个案研究。

我们在东北地区的胶辽官话中选取了三个代表性方言点：大连、东港和虎林。其中，大连方言属于胶辽官话的登连片，东港方言属于胶辽官话盖桓片，虎林则是东北地区胶辽官话的一个方言岛。本书对这三个代表性方言点的语言变异进行调查研究，从而为胶辽官话方言变异的研究提供扎实可信的实证材料。

基本思路和研究方法有以下三点。

第一，结合现有的方言资料和自己的调查对东北地区胶辽官话做横向对比，开展语音、词汇、语法的专项比较，了解山东和东北地区胶辽官话的地域差异，并结合已有的方言资料和历史文献，探究辽宁、黑龙江与山东的方言在空间差异上所体现出来的纵向（时间）的演变轨迹，探讨厘清山东、辽宁（包括辽宁与吉林交界处的几个县市）、黑龙江三地胶辽官话之间的关系。

第二，采用传统方言学和社会语言学相结合的调查方法对大连、东港的语言接触和变异现象从不同方面展开深入调查，并对调查材料进行整理和定量分析，以探讨引发语言变异的内部条件和外部因素。

第三，深入农户，根据调查问卷，对黑龙江省的虎林方言岛进行多人次的抽样问卷调查，同时配合人类学式的深度访谈、快速隐匿观察等方法对虎林方言岛的语言活力与语言濒危现状进行个案调查，从而探讨导致胶辽官话方言岛语言活力降低、方言特征衰退的具体原因。

1.3.3 调查过程和主要发音人

本书涉及的方言点众多，调查难度较大，前后多次调查，时间跨度较大，主要进行了三次田野调查：第一次是在辽宁的大连，第二次是在黑龙江的虎林，第三次是在辽宁的东港市和东港的大孤山镇。

主要发音人信息如下①：

辽宁大连：

李女士，26 岁，大连市区；

尚女士，26 岁，大连市区；

---

① 由于进行问卷调查的发音人数量较多，现只标姓氏，特此说明。

姜女士，34 岁，大连市区；
丁女士，31 岁，大连市区；
索女士，28 岁，大连市区教师；
刘女士，33 岁，大连市区教师；
董先生，38 岁，大连市区职工；
刘先生，68 岁，大连市区退休职工；
李女士，25 岁，普兰店区学生；
李先生，50 岁，普兰店区职工；
姜女士，65 岁，大连市区退休职工；
赵先生，76 岁，大连市区退休职工；
李先生，80 岁，大连市区养老院老人；
王女士，90 岁，大连市区养老院老人。

辽宁东港：

姜女士，20 岁，东港市学生；
孙女士，20 岁，东港市学生；
任女士，22 岁，东港市学生；
刘先生，19 岁，东港市学生；
蔡先生，70 岁，东港市退休医生；
赵先生，62 岁，东港市大孤山镇农民；
宋先生，54 岁，东港市大孤山镇教师；
宋女士，18 岁，东港长山镇学生；
邹先生，17 岁，东港市小甸子镇学生；
刘女士，22 岁，东港市大孤山镇学生。

黑龙江虎林：

褚先生，65 岁，伟光村农民；
姜先生，75 岁，伟光村农民；
王先生，35 岁，伟光村农民；
宋先生，45 岁，虎林市区自由职业；
包女士，30 岁，虎林市区自由职业。

方言调查的材料分为三种：第一种是针对不同方言点的语音变项调查表，第二种是在大连、东港、虎林开展的音系、词汇、语法专项调查表，第三种是针对大连、东港和虎林多人次的语言态度问卷、配对变语调查以及在虎林进行的深度访谈。具体调查材料见附录。

第二章　胶辽官话的地域变异

2.1　胶辽官话的分区

2.1.1　方言分区的标准和方法

“方言地理是一种人文现象，而不是自然地理现象。……给一种语言分成几个方言，各方言的区域如何划定，都是人为的。”[①] 在对方言地域进行分区时，从不同的角度出发常会出现不同的分区，常见的方言分区法有特征判断法、古今比较判断法、综合判断法、群集分析法和可懂度分析法。其中，前四种都是基于语言特征的分区方法，而可懂度分析法则在方言分区中更注重参考本地人的语感。

目前，汉语方言分区中应用最多的是特征判断法，即根据方言的特征或由语言特征构成的同言线束对方言进行分区。由于汉语语音的系统性比较强，研究者们采用语音特征对汉语方言的分区做了大量的工作，显示了语音标准在汉语方言分区方面的效度。

在使用语音特征作为分区的标准时，主要使用一种语音特征还是使用多种语音特征来给方言分区，仍是目前方言分区中有争议的问题。李荣（1985）以古入声的表现来划分汉语官话方言，是以一种语音特征为标准对汉语方言进行分区的代表。但有不少学者持反对意见，比如王福堂（2005）认为区分方言应使用多项标准，并以吴语和湘语的区分为例，对使用一种语音标准的方言分区方式提出了疑问。我们可以看到，使用单一标准来划分方言带有一定的不

① 游汝杰：《汉语方言学导论》，上海教育出版社 2000 年版，第 45 页。

排他性，但使用多项语音特征为标准在具体的操作中也会遇到一些难题，特别是面对“你中有我，我中有你”的方言过渡地带时，研究者们往往见仁见智，有不同的划分结果。钱曾怡提出“多项标准中的各项标准在划分方言的区域分界中的地位并不等同，在必须划出两个方言区线的时候，就要在全面衡量各项特点的基础上，确定其中被认为最重要的一项作为划界的标准”①，以多项标准划分大的方言区，以单一标准划分方言的分界线是比较可行的一种分区方式。

同时，近年来也有些研究者综合方言语音、词汇、语法特征来划分方言，比如瑞典语言学家罗杰瑞（Jerry Norman）使用“他、的、不、母鸡、平分阴阳、见母腭化、站、走、儿尾、房子”等十条语音和词汇特征对汉语方言进行分区。随着方言地理学的发展，也有学者结合语言类型学和方言地理进行汉语方言的分区，比如游汝杰认为方言地理、行政地理和自然地理之间有明显的一致性，并结合方言地理对吴语的方言划分进行分析。②

我们看到，如何划分汉语方言区域在理论上和实践上尚有很大的探求空间。汉语方言区域是地点方言的集合体，中心地带方言特征明显，边缘地带特征模糊，我们认为以多种语音特征作为标准来划分方言，同时在方言之间的过渡地带将方言地理、人文背景等作为参考，可以使汉语方言的分区更加科学。本书所涉及的胶辽官话分布在山东、东北几个省的多个方言点，胶辽官话的分区目前尚存在分歧，可在其分区中尝试结合上述方法进行实践。

2.1.2 胶辽官话分区的几种观点

关于胶辽官话的划分已有的研究成果如下。

（1）有学者根据古清入声基本派入上声，在官话方言中划分出了胶辽官话，指出“山东省人口稠密，辽宁省的开发较晚，有很多胶东人渡海而北，定居辽宁，所以胶东半岛的人管辽东半岛叫‘海北’。（走海北相当于闯关东。）这两个半岛方言有共同之点，叫做‘胶辽官话’十分妥帖”③。在此基础上，贺巍（1986）对胶辽官话的地域分布做了比较详细的描述，指出胶辽官话分布在胶东半岛和辽东半岛，在山东省有 30 个县市，辽宁省有 14 个县市，

---

① 钱曾怡：《汉语方言学方法论初探》，《中国语文》1987 年第 4 期。

② 参见游汝杰：《吴语区的方言地理与自然地理》，《首届中国地理语言学国际学术研讨会论文集》，北京，2010 年，第 237 页。

③ 李荣：《汉语方言分区的几个问题》，《方言》1985 年第 2 期。

另有虎林和二屯两个方言岛，同时根据古“知庄章”的读法和古见母字的读法在胶辽官话中的内部差异，将其划分为青州片、登连片、盖桓片三个方言小片，共有 46 个县市。这种分类方法总体上反映了胶辽官话的语言事实。

（2）张树铮（2007）采用多项语音标准，根据清入声的归派、古日母字的读音、古“知庄章”的读音对胶辽官话的地域分布进行了更为详细的描述。如前所述，张树铮的研究中胶辽官话方言点的分布范围以及胶辽官话“青莱片”“登连片”“盖桓片”的分区基本与贺巍（1986）相同，同时将“青莱”“登连”“盖桓”三个方言片进行了进一步的划分，将胶辽官话分成了三大片和九小片。

（3）钱曾怡（1985）根据古“知庄章”声母的今读将山东方言分为东区和西区两片，东区又分为东莱片和东潍片，山东东区方言与胶辽官话在山东的分布范围基本相同。其中，沂源县和蒙阴县在李荣（1985）和张树铮（2007）的研究中不属于胶辽官话方言片。

（4）罗福腾（1998）根据古清入声的读法以及阴平调读降调这两条标准将胶辽官话与东北官话进行了分界，胶辽官话分布在山东半岛、辽东半岛、吉林省、黑龙江省四地的 67 个方言点，具体包括：

山东省的 31 个区县（包括县级市）：威海市的环翠区、文登区、荣成市、乳山市，烟台市的牟平区、莱山区、福山区、海阳市、栖霞市、蓬莱区、龙口市、招远市、莱阳市，青岛市的市南区、市北区、崂山区、李沧区、城阳区、黄岛区、即墨区、胶州市、平度市、莱西市，潍坊市的寒亭区、诸城市、高密市、昌邑市、青州市、临朐县，临沂市沂水县，日照市五莲县。

辽宁省的 23 个区县（包括县级市）：大连市的旅顺口区、甘井子区、沙河口区、中山区、西岗区、金州区、普兰店区、瓦房店市、庄河市、长海县，丹东市的元宝区、振兴区、振安区、东港市、宽甸满族自治县，营口市的站前区、西市区、老边区、鲅鱼圈区、盖州市、大石桥市，鞍山市的岫岩满族自治县、本溪市的桓仁满族自治县。

吉林省的 11 个区县（包括县级市）：通化市的东昌区、二道江区、集安市、通化县，白山市的浑江区、江源区、临江市、长白朝鲜族自治县、抚松县，以及延边朝鲜族自治州的和龙市和安图县的少数村落。

此外，黑龙江省还有两个方言岛：虎林和抚远的二屯。

该研究对胶辽官话区域的划分更广，把吉林省的县市也归入了胶辽官话分布区。

（5）钱曾怡指出“胶辽官话是官话方言中的一个特殊的土语群，分布在山东半岛、辽东半岛以及吉林省的南部……分布地域涉及山东省、辽宁省、吉林省、黑龙江省 4 个省的 74 个县市区”①，与罗福腾（1998）对胶辽官话的分布研究较为一致，并将胶辽官话划分为登连片、青莱片和营通片三个方言片，营通片包括李荣（1985）、张树铮（2007）研究中划分的盖桓片，并增加了吉林的方言点。

从上述学者对胶辽官话的分区看，对于胶辽官话主要根据方言的语音特征，使用特征分区法进行了方言区域的划分，但是在胶辽官话具体的分布范围和内部小片的划分上，有所分歧。主要集中在东北地区胶辽官话方言点的分布范围上，也就是吉林地区的部分具有胶辽官话特征的方言点是否应该划入胶辽官话。

据罗福腾（1998）的研究，吉林省通化市的集安市、通化县，白山市的浑江区、江源区、临江市、长白朝鲜族自治县、抚松县属于胶辽官话，并对这几个方言点的语音特征和特色词汇与胶辽官话进行了比较。而这几个方言点在其他学者的区域划分中一般归入东北方言的通化片。

综合方言各方面的特征和方言地理、历史背景等因素，我们赞同罗福腾（1998）、钱曾怡（2010）的观点，认为吉林与辽宁交界处的少数方言点应归入胶辽官话，具体原因包括如下三点。

首先，胶辽官话的分区主要基于清入声的读法，清入声字大部分派入上声是胶辽官话与其他官话方言相区分的一个重要特征。按照这个标准，我们可以看出吉林省通化市的集安市、通化县，白山市的浑江区、江源区、临江市、长白朝鲜族自治县、抚松县几地同样符合这一特征，罗福腾（1998）对吉林这几个方言点中的 260 个清入声字的今读进行了调查和统计，结果如下：集安有 132 个字读上声，占 51%；长白有 140 个字读上声，占 54%；临江有 264 个字读上声，占 92%；通化有 89 个字读上声，占 35%；浑江读上声的字占 42%；江源读上声的字占 44%；抚松读上声的字占 39%。从统计结果看，这几个方言点清入声字约一半以上读上声，与读上声的清入声字在辽东半岛各点的比例近似。而东北官话区清入声字的归派与北京话相同，清入声派入四声，读为上声的字比例在 20% 以下。

其次，从次浊平声字部分归阴平、特字的读音和特色词汇的比较看，这几个方言点的情况也与胶辽官话比较接近。除了方言特征基本符合胶辽官话的主

① 钱曾怡主编：《汉语官话方言研究》，齐鲁书社 2010 年版，第 94~95 页。

要特点外，我们还可以从方言地理和人文历史方面对吉林省这几个方言点的划分提出一点看法。集安、长白、通化、浑江、江源、抚松、临江这几个方言点都位于吉林省南部，位于鸭绿江边、长白山麓，它们与吉林省的其他县市交通不太便利，但与辽东半岛属于胶辽官话的方言点相邻，这种地缘关系使它们与辽南半岛更易成为一个整体。

最后，从近代以来的历史发展看，在清代后期和民国以来的移民中，很多移民自胶东迁至辽宁后，又继续向北二次搬迁，自胶东和辽南二次搬迁的移民多涌向吉林南部，还有一部分沿水路北上到黑龙江东部，而搬迁到到吉林南部的居民占多数，这既得益于沿江便利的交通，也得益于清末中东铁路的开通。中东铁路也叫南满铁路，从辽宁南部沿吉林北上至黑龙江，这条铁路开通以后，“由大连上陆者七十余万，由营口上陆者二十余万，由京奉来者十万多人”①，由这些数字可见二次迁入吉林南部的移民数量之多。现在在吉林与辽宁的交界地带和沿江地带还有不少胶东人聚居的村落或农场，它们往往形成小的方言飞地，这些方言飞地的语言特征跟胶东方言较为一致。

综合上述几方面的因素，我们认为将吉林与辽宁交界地带的集安、长白、通化、浑江、江源、抚松、临江 7 个方言点纳入胶辽官话更符合语言的事实和人文历史背景。胶辽官话的分布范围应为 45 个县市（在此，无特殊情况，“区”不单列出）：

威海市、荣成市、乳山市、烟台市、龙口市、莱阳市、莱州市、招远市、栖霞市、海阳市、青岛市、平度市、莱西市、胶州市、潍坊市、昌邑市、青州市、高密市、安丘市、诸城市、临朐县、日照市、五莲县、莒南县、沂水县、大连市、庄河市、长海县、东港市、瓦房店市、岫岩满族自治县、营口市、丹东市、盖州市、大石桥市、宽甸满族自治县、桓仁满族自治县、虎林市、抚远市、集安市、通化县、白山市、抚松县、长白朝鲜族自治县、临江市。

2.2 胶辽官话语音的地域变异

胶辽官话分布在山东、辽宁、吉林和黑龙江四省 45 个县市，方言分化时间的不同和所处地域的不同，使胶辽官话内部存在着明显的地域变异。本节选

① 朱契：《满洲移民的历史和现状》，《东方杂志》1928 年第 25 期。

取山东、东北两大区域的代表性方言点对其语音特征的地域变异进行比较。

本节参照《山东方言研究》（钱曾怡，2001）、《胶辽官话研究》（罗福腾，1998）和《汉语官话方言研究》（钱曾怡，2010），选取胶辽官话5个典型的语音特征作为地理变异的调查变项，对胶辽官话不同区域的方言点进行比较。钱曾怡（2002）指出胶辽官话语音的内部差异主要有6项特征："知庄章"三组字分不分两套声母、"知庄章"在山臻摄合口前的归类、尖团是否区分、"蟹止山臻"合口拼端系声母介音的有无、古次浊平声的归类、古次浊入声的归类。参照钱曾怡（2002）的6项特征，我们选取了5项特征，变项分别为：次浊平声的读法、清入声的读法、古"知庄章"声母的读法、尖团音的读法、"蟹止山臻"四摄合口字"u"介音的读法。

2.2.1 次浊平声的读法

次浊平是指古"明、微、泥（娘）、来、日、疑、云、以"这8个次浊声母的平声字。胶辽官话次浊平声字的归派比较复杂，有三种类型。类型一为次浊平声分归清平和浊平，类型二为次浊平声归清平、去声/上声，类型三为次浊平声与全浊平读法相同。我们对胶辽官话不同区域的方言点进行比较，见表2-1：

表2-1 次浊平声归派的类型

	登连片	青莱片	盖桓片
类型一	荣成、烟台$_{牟平}$		集安
类型二	烟台、威海、乳山、莱西、海阳、莱阳、庄河、招远、长海、大连、东港、丹东		虎林
类型三	烟台$_{蓬莱}$、龙口	青岛、平度、诸城、日照、莱州、莒县、沂水	通化、盖州、营口、长白、宽甸、桓仁、抚松、临江

从表2-1可以看出胶辽官话的登连片次浊平声字的读法较为复杂，具有次浊归清平读法的方言点最多，而青莱片、盖桓片次浊归清平的情况则较少，特别是青莱片的方言点次浊平声与全浊平读法一致。

我们选择了山东、东北登连片和盖桓片的6个代表方言点对200个次浊平声字（见附录1）的读法进行调查，各方言点次浊归入清平的情况见表2-2：

表 2-2　次浊平声的读法

方言点	归清平的字	合计	比例
荣成	挨、熬、呆、鹅、蛾、儿、来、狼、捞、劳、牢、雷、梨、离、犁、凉、梁、粱、菱、留、聋、炉、驴、锣、妈、忙、猫、毛、媒、门、蒙、绵、棉、苗、描、摩、谋、拿、南、泥、年、耧、黏、牛、挪、瓤、饶、人、扔、仍、荣、揉、纹、闻、蚊、巫、牙、芽、延、炎、盐、阎、檐、羊、阳、爷、摇、移、迎、蝇、悠、邮、鱼、榆、云、匀、昂、篱、兰、量、淋、刘、榴、连、怜、卢、芦、矛、茅、眠、明、鸣、铭、宁、浓、茸、容、融、柔、王、危、微、瞒、吴、严、研、颜、然、燃、疑、盈、营、愉、原、援、源、拈、锚	118	59%
招远	熬、呆、鹅、蛾、儿、来、狼、捞、劳、梨、离、犁、黎、凉、梁、粱、撩、林、留、笼、聋、驴、锣、妈、忙、芒、猫、毛、门、蒙、绵、苗、描、摩、磨、谋、拿、南、泥、年、耧、黏、挪、饶、人、扔、仍、荣、揉、围、闻、蚊、巫、牙、延、盐、阎、檐、眼、羊、洋、阳、摇、宜、移、迎、蝇、悠、尤、邮、鱼、榆、袁、匀、篱、量、隆、联、卢、芦、箩、骡、伦、盟、眠、琉、容、柔、危、微、为、违、桅、蛮、瞒、无、吴、梧、雄、严、研、颜、尧、然、燃、姚、疑、盈、营、犹、娱、愉、愚、仁、任、顽、玩、银、龈、茅	120	60%
海阳	挨、熬、呆、鹅、蛾、儿、来、狼、捞、劳、梨、梁、林、留、笼、聋、炉、忙、芒、猫、毛、门、棉、描、民、磨、谋、拿、南、黏、挪、扔、仍、牙、芽、炎、羊、洋、阳、宜、移、迎、蝇、袁、云、匀、昂、郎、廊、榜、帘、廉、兰、良、量、辽、聊、刘、流、硫、榴、临、楼、搂、伦、矛、茅、枚、盟、眠、浓、如、亡、王、危、微、为、违、桅、梧、雄、严、研、颜、尧、姚、疑、盈、营、犹、娱、愉、愚、拈、仁、任、顽、玩、员、龈、锚	101	51%
大连	呆、捞、撩、妈、猫、门、蒙、扔、耧、巫、宜、悠、尤、寅、榜、量、尼、宁、凝、危、微、为、娱、愉、任	25	13%
集安	捞、妈、猫、蒙、扔、巫、悠、榜、危、微、为、拈、任	13	7%
虎林	劳、笼、聋、猫、扔、拿、南、门、宁、楼	10	5%

从表 2-2 可以看出，次浊平声归入清平的字在登连片内部从山东向东北逐步减少，山东半岛的荣成、招远、海阳几个方言点次浊平读清平的比例在 50% 以上，到了辽东半岛的大连归清平的字降到了 13%，到吉林、黑龙江一带则降到了 10% 以下。

从方言点次浊平声归派的类型和次浊归清的比例，可以看出次浊归清的现象从胶辽官话的中心地带——登连片位于山东半岛的方言点向周边扩散，归清的比例到东北地区已明显降低。同时，我们将荣成、大连、集安三个方言点次浊归平的比例与罗福腾（1998）的调查做了对比，集安次浊归清平的比例已明显低于罗福腾所做调查得到的比例。

同时，据方言调查的资料，荣成、烟台牟平、威海、招远等次浊平归清平的方言中，次浊平声字常有文白读法的差异。比如《荣成方言志》（王淑霞，1995）中提到在新、旧词语中次浊平的读法有差异，口语中一般读阴平，书面语中读阳平；《牟平方言志》（罗福腾，1992）中也记录了相似的情况，地名词、常用词和旧词中一般读阴平，新词、书面语中一般读阳平；笔者在莱阳方言的调查中也有类似发现，莱阳方言部分次浊平声字有平声和去声的自由变读，老、中、青不同的发音群体中均不同程度存在一字两读的情况。我们对这些字在词语中的读法进行了对比，发现次浊平声字在口语常用的词语多读平声。较为正式的词语多读去声。此外还发现伴随着声调的变化，部分次浊平声字的声母和韵母也发生了变化，比如“模—模样（平声）/模特（去声）”“年—今年（平声）/年轻（去声）”“名—你叫什么名儿（平声）/名字（去声）”“笼—笼子（平声）/笼罩（去声）”“洋—洋火（平声）/喜洋洋（去声）”。上述情况也许说明了在登连片的方言中次浊平声归阴平是方言固有的、比较老的层次，而次浊平声归阳平是后起的、比较新的层次。

在官话方言的大部分地区根据“平分阴阳”的规律，在声母清浊对立消失之后平声都发生了阴平、阳平两分的变化，胶辽官话次浊平声的分化现象启示我们在平声分化的过程中也许存在着不同的演变阶段或演变方式。

从历史文献来看，在日传《悉昙藏》（880）的记载中可以发现系统的次浊平声归清平的现象：“表（表信公）则平声直低，有轻（清音）有重（全浊）……平中怒声（次浊）与重无别……（正法师）平有轻重，轻亦轻重，轻之重者，金怒声也。”这表明在 9 世纪中叶以前，古四声分化的初期，古汉语平声分化的过程中就存在着“次浊归清”的演变方式。[①] 在汉越语中，次浊平声也大部分归阴平，汉越语大约在 10 世纪传入越南，这也从一个侧面反映

① 参见尉迟治平：《日本悉昙家所传古汉语调值》，《语言研究》1986 年第 2 期。

出“次浊归清”是次浊平声归派的过程中曾经出现的一种演变方式。

从音系学的角度看，古“明、微、泥（娘）、来、日、疑、云、以”这8个次浊声母分别是鼻音、流音和近音，都是响音。在发音过程中它们虽然与其他浊辅音一样，声带需要颤动，但是与全浊塞音、塞擦音和擦音相比，它们的发音强度显然要弱一些。它们的语音性质实际上介于清音和浊音之间。在平声分化演变的过程中，这些次浊声母字不太稳定，它们可能与全浊声母字一起成为阳平字，也可能与清声母字一起成为阴平字。

所以我们认为“平分阴阳”的过程可能不仅仅是平声根据声母的清浊简单二分的过程。胶辽官话次浊平声归派的地域差异显示出“平分阴阳”的过程可以有不同的变化方向和变化阶段，其中“次浊归清”代表了比较古老的阶段，而归入全浊平声是比较新的阶段，胶辽官话由山东到东北各方言点的地域变异也体现出次浊平声演变的阶段性，如图2-1所示：

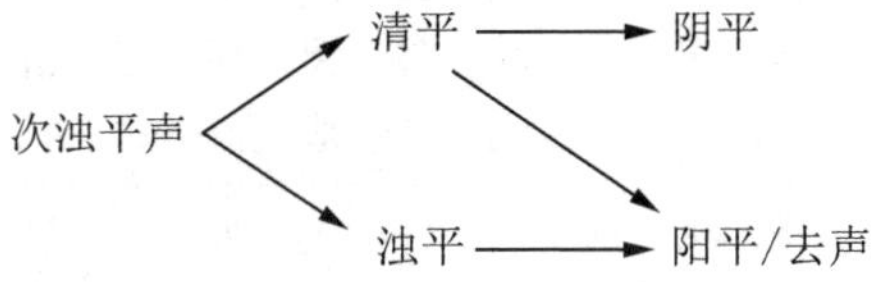

图2-1　次浊平声演变的阶段性示意图

2.2.2　清入声的读法

从清入声字的归派看，胶辽官话的方言点具有的共同特征就是清入声大部分归入上声，但是各个方言点清入字归入上声的比例存在差异。

钱曾怡主编的《汉语官话方言研究》统计了胶辽官话23个方言点清入声的归派情况①，从清入归上的比例看，登连片>青莱片>营通片，登连片读上声的清入声字比例基本在80%左右，青莱片次之，归入上声的清入字比例在65%左右，营通片比例最低，在40%左右。从地域分布看，由山东省到辽宁、吉林、黑龙江各地逐步减少。

我们选取荣成、海阳、莒县、大连、虎林、集安6个方言点，在方言调查字表中选取100个常用的清入声字（见附录2）进行对比，调查结果印证了钱曾怡先生主编的《汉语官话方言研究》的发现。上述6个方言点清入声归入

① 参见钱曾怡主编：《汉语官话方言研究》，齐鲁书社2010年版，第101页。

上声的字见表 2-3：

表 2-3 清入声归上声的比较

方言点	清入归上声的字	合计	比例
荣成	答、搭、眨、插、甲、压、鸭、跌、法、汁、湿、吸、擦、撒、渴、八、杀、瞎、憋、铁、节、脱、刷、雪、说、发、血、笔、七、膝、出、一、屈、托、作、各、脚、郭、桌、捉、北、鲫、熄、国、百、伯、拍、客、摘、策、隔、积、脊、惜、只、尺、适、绩、锡、激、吃、谷、哭、福、复、宿、竹、叔、菊、触、克、壁、革、德、测、恶、合、急、醭、饺、闭、岳、错、阔、式、祝	86	86%
莒县	答、搭、鸽、眨、插、甲、鸭、跌、法、汁、湿、吸、擦、撒、渴、八、杀、瞎、憋、铁、节、切、脱、刷、雪、说、发、血、笔、七、膝、不、出、屈、托、作、各、脚、郭、桌、捉、北、鲫、熄、媳、国、百、伯、拍、摘、责、策、册、隔、积、脊、惜、只、尺、适、绩、锡、激、吃、谷、哭、福、复、宿、竹、叔、菊、触、决、克、革、德、测、急、醭、饺、式	82	82%
海阳	答、眨、插、甲、压、鸭、跌、法、汁、湿、吸、擦、撒、八、杀、瞎、憋、铁、节、切、脱、刷、雪、说、发、血、笔、七、膝、一、不、出、屈、各、脚、郭、桌、捉、北、鲫、熄、媳、国、百、伯、拍、客、摘、责、策、册、隔、积、脊、只、尺、适、绩、锡、激、吃、谷、哭、福、复、竹、叔、菊、触、决、克、壁、革、德、测、蛤、急、别、饺、亿、式	81	81%
大连	搭、眨、甲、鸭、跌、法、汁、湿、擦、渴、八、瞎、憋、铁、节、脱、刷、雪、说、发、血、笔、七、膝、一、不、出、脚、郭、桌、北、百、伯、积、脊、只、尺、锡、吃、谷、哭、复、宿、竹、叔、菊、触、决、革、德、蛤、饺	52	52%
集安	搭、鸽、插、甲、压、鸭、跌、吸、擦、杀、瞎、憋、切、脱、刷、雪、说、发、七、膝、一、不、出、屈、托、作、各、郭、桌、捉、熄、拍、客、摘、策、册、积、惜、只、适、绩、锡、激、哭、复、宿、触、壁、测、恶、合、蛤、亿、吓、闭、岳、错、阔、式、祝	60	60%
虎林	眨、插、甲、压、鸭、跌、法、汁、八、杀、瞎、铁、雪、说、血、笔、七、一、不、脚、桌、捉、北、国、百、伯、拍、绩、吃、哭、福、复、叔、菊、德、饺	36	36%

入声的消失和归派是官话方言中近代以来就开始的声调演变现象，元代周德清的《中原音韵》中记载了入声的分化，“入声作平声”“入声作上声”“入声作去声”，其中所记载的这种全浊入声派入平声、次浊入声派入去声、清入声派入上声的现象与现代胶辽官话，特别是登连片的烟台牟平、荣成一带的声调分化现象非常接近。官话方言中清入声的归派差异较大，冀鲁官话中清入声大部分派入阴平，兰银官话中清入声归入去声，北京官话和东北官话中清入声分别归入四声。很多学者对《中原音韵》的性质和基础方言进行讨论，其中关于入声演变的记载与现代方言入声归派事实之间的差异始终是一个争议的焦点，比如以忌浮（1986）、张玉来（2010）为代表的部分学者质疑《中原音韵》“入派三声”之说，特别是对清入的归派有较多疑问；以黎新第（1987；1992）为代表的部分学者根据元杂剧、方言的材料提出反对意见，认为《中原音韵》的记载没有失误。

同时，对《中原音韵》所代表的是何种方言学者们也意见相左。有学者认为《中原音韵》记载的是以北京方言为代表的大都音（忌浮，1986），也有学者认为是洛阳音（俞敏，1987），提出今天的胶东话保留了元代时期中州音的特点。

方言是语言演变的活化石，胶辽官话一带的方言点与《中原音韵》在调类归派、分化方面的相似可以反映出元代以来官话方言中入声消失时声调演变的轨迹，《中原音韵》所记载的“入派三声”的状况反映出近代汉语某些官话方言中入声消失的一种状态。同时，我们也认为胶辽官话，特别是山东半岛登连片这一中心地带的方言点与《中原音韵》的基础方言在一定历史时期有较为密切的关系，地处一隅的胶东方言较多地保留了当时《中原音韵》基础方言的特征。

读作上声的清入声字在胶辽官话中自登连片到青莱片到盖桓片渐次减少，地域之间的差异反映出“入声作上声”从山东半岛到东北地区的扩散，离胶辽官话中心地带越近的区域这种演化越明显，在东北地区由于移民和语言接触的影响，这种音变轨迹已逐渐被新的方言特征覆盖。

2.2.3　古“知庄章”声母的读法

中古“知彻澄、庄初崇生、章昌船书禅”三组声母在现代官话方言中的读法存在着较大的差异，以北京方言为代表的大部分官话方言中古“知庄章”声母只有一种读法，都读为卷舌声母［tʂ、tʂʰ、ʂ］，还有部分方言存在两种甚至三种读法，演变规律比较复杂。

在胶辽官话中这三组声母的读法主要分为三种类型：一分型、二分型和三分型。一分型是指古“知庄章”声母只有一种读法，这种类型主要分布在东北地区，在辽宁南部、吉林的大部分胶辽官话方言属于一分型，“知庄章”声母读舌尖前音或舌尖后音。二分型是指古“知庄章”声母有两种读法，在胶辽官话的各方言点具体读法并不完全相同，但“知庄章”声母依韵母的等呼为条件分化为两种类型，胶辽官话登连片和青莱片的方言基本属于二分型。三分型是指古“知庄章”声母根据韵母的等呼分为三种读法，这种类型在胶辽官话中较为少见，主要分布在长海一带。

古“知庄章”声母的读法类型在代表性调查点中分布情况见表2-4：

表 2-4　古“知庄章”声母读法的类型

古“知庄章”声母的读法	胶辽官话登连片	胶辽官话青莱片	胶辽官话盖桓片
一分型			丹东、盖州、集安、长白、营口、通化
二分型	招远、莱阳、海阳、荣成、烟台$_{牟平}$、庄河、大连$_{普兰店}$、东港、虎林	青岛、平度、诸城、日照、沂水、莱州	
三分型	长海		

从调查结果看，目前东北地区盖桓片的方言点“知庄章”母字存在［ts、tsʰ、s］和［tʂ、tʂʰ、ʂ］两种读法，两种读法不区分意义，处于自由变读的状态，所以我们仍把盖桓片的方言点归为一分型。

胶辽官话大部分方言古“知庄章”声母的今读根据中古声母来源的不同有不同的读法，为二分型，分布在山东和辽南的部分方言点，具体到各方言点的音类和音值则比较复杂，存在较多差异。钱曾怡（2004）将各点的分化情况按照韵摄的情况分为甲、乙两类，登连片各方言点“知二庄”和“知三章”之间存在着对立，比如海阳方言、荣成方言、烟台$_{牟平}$方言等，青莱片各点“知庄章”声母也存在“知二庄”和“知三章”的对立，但是与登连片略有差异，主要体现在“山臻”两摄合口三等字“专、船、准、春、顺”上，这些字在登连片各点读法与“知二庄”组字的读法相同，在青莱片这些字与“知三章”组（除止摄）的读法相同。

我们再来看“知庄章”三分型的方言点，在胶辽官话中三分型的方言点只有长海一点。长海方言中知合三（除遇摄、通摄）、庄合二、开三、章合三

（除遇摄、通摄）读齿间音［tθ、tθ^h、θ］，知开二、知组通摄合口三等、章组止摄开口三等、通摄合口三等、庄开二、庄开三、庄组通摄合三读舌叶音［tʃ、tʃ^h、ʃ］，知开三、合三（遇摄）、章开三（除止摄）、合三（遇摄）读舌尖中音［t、t^h、θ］，这样就使长海方言中“知庄章”声母的读法与精见组之间存在着错综复杂的关系。

下面选取部分例字看胶辽官话三个方言小片22个代表点中“知庄章”的具体读法，具体见表2-5至表2-7（平度、莱州、诸城、沂水、长海的材料参考罗福腾，1998；其他点的材料为笔者自查）：

表2-5　胶辽官话登连片各点古“知庄章”代表字的读法

	茶 知开二 假摄	追 知合三 止摄	沙 庄开二 假摄	是 章开三 止摄	税 章合三 蟹摄	猪 知合三 遇摄	侄 知开三 山摄	说 章合三 遇摄	制 章开三 蟹摄	船 章合三 山摄
海阳	ts^h	ts	s	s	s	tʃ	tʃ	ʃ	tʃ	ts^h
荣成	tʂ^h	tʂ	ʂ	ʂ	ʂ	tʃ	tʃ	ʃ	tʃ	tʂ^h
烟台$_{\text{牟平}}$	ts^h	ts	s	s	s	tɕ	tɕ	ɕ	tɕ	ts^h
招远	ts^h	ts	s	s	s	tʃ	tʃ	ʃ	tʃ	ts^h
莱阳	ts^h	ts	s	s	s	tʃ	tʃ	ʃ	tʃ	ts^h
长海	tθ	t	tθ	θ	θ	tʃ	tʃ	ʃ	tʃ	θ
东港	ts^h	ts	s	s	s	tɕ	tɕ	ɕ	tɕ	ts^h
庄河	ts^h	ts	s	s	s	tɕ	ts	ɕ	ts	ts^h
大连	ts^h	ts	s	s	s	tʂ	tʂ	ʂ	tʂ	tʂ^h
虎林	ts^h	ts	s	s	s	tɕ	ts	ɕ	ts	ts^h

表2-6　胶辽官话青莱片各点古“知庄章”代表字的读法

	茶 知开二 假摄	追 知合三 止摄	沙 庄开二 假摄	是 章开三 止摄	税 章合三 蟹摄	猪 知合三 遇摄	侄 知开三 山摄	说 章合三 遇摄	制 章开三 蟹摄	船 章合三 山摄
平度	tʂ^h	tʂ	ʂ	ʂ	ʂ	tʃ	tʃ	ʃ	tʃ	tʃ^h
青岛	tʂ^h	tʂ	ʂ	ʂ	ʂ	tʃ	tʃ	ʃ	tʃ	tʃ^h
日照	tʂ^h	tʂ	ʂ	ʂ	ʂ	tʃ	tʃ	ʃ	tʃ	tʃ^h

续表

	茶 知开二 假摄	追 知合三 止摄	沙 庄开二 假摄	是 章开三 止摄	税 章合三 蟹摄	猪 知合三 遇摄	侄 知开三 山摄	说 章合三 遇摄	制 章开三 蟹摄	船 章合三 山摄
莱州	tsʰ	ts	s	s	s	tʂ	tʂ	ʂ	tʂ	tʂʰ
诸城	tʂʰ	tʂ	ʂ	ʂ	ʂ	tʃ	tʃ	ʃ	tʃ	tʃʰ
沂水	tʂʰ	tʂ	ʂ	ʂ	ʂ	ts	ts	s	ts	tsʰ

表 2-7　胶辽官话盖桓片各点古“知庄章”代表字的读法

	茶 知开二 假摄	追 知合三 止摄	沙 庄开二 假摄	是 章开三 止摄	税 章合三 蟹摄	猪 知合三 遇摄	侄 知开三 山摄	说 章合三 遇摄	制 章开三 蟹摄	船 章合三 山摄
通化	tsʰ	ts	s	s	s	ts	ts	s	ts	tsʰ
集安	tsʰ	ts	s	s	s	ts	ts	s	ts	tsʰ
营口	tsʰ	ts	s	s	s	ts	ts	s	ts	tsʰ
丹东	tsʰ	ts	s	s	s	ts	ts	s	ts	tsʰ
盖州	tsʰ	ts	s	s	s	ts	ts	s	ts	tsʰ
长白	tsʰ	ts	s	s	s	ts	ts	s	ts	tsʰ

从不同方言片读音的比较看，胶辽官话登连片和青莱片中“知二庄”和“知三章”读音不同，存在着［ts/tç］［tʂ/tʃ］［ts/tʃ］［ts/tʂ］不同读音类型。张树铮（2023）的调查将胶东地区荣成、青岛、潍坊等地“知二庄”“知三章”分别读［tʂ/tʃ］的对立音值进一步细化为［tʂ/tʃ$_{\text{ç}}$］［tʂ/tʃ$_{\text{s}}$］［tʂ/tʃ$_{\text{tʂ}}$］。东北地区胶辽官话盖桓片“知庄章”读音存在舌尖前音和舌尖后音的自由变读。

胶辽官话不同地域“知庄章”读法的不同反映出近代汉语语音史上“知庄章”声母的演变轨迹。据考证，古“知庄章”声母在《切韵》音系中都可与三等细音相拼，“知庄章”声母三分，读为知［ȶ］、庄［tʃ］、章［tç］。《中原音韵》时代知庄组后“i”介音消失，同时随着知照组声母的合流，在类化作用下，“知庄章”声母的读法也发生了变化。①

虽然不同的学者对《中原音韵》声母的拟音有争议，但学者们（薛凤生，

① 参见桑宇红：《〈中原音韵〉知庄章声母研究中的几个问题》，《语言研究》2009 年第 3 期。

1990；杨耐思，1981；李新魁，1983）大都认为《中原音韵》中“知庄章”三组声母已经合并为一类，“知二庄”无“-i”介音，“知三章”有“-i”介音，所以会出现“知二庄”和“知三章”的对立，这种对立与韵母有关。

胶辽官话中“知二庄”和“知三章”分合的不同与《中原音韵》的记载相同，但是其声母却存在着对立。这是否说明胶辽官话中“知庄章”声母的演变比《中原》时代所发生的演变更早呢？

桑宇红（2009）对汉语方言中“知二庄”和“知三章”声母对立的情况进行了分析，提出方言中声母的对立主要受到介音的影响，并将声母的音变过程构拟如图 2-2①：

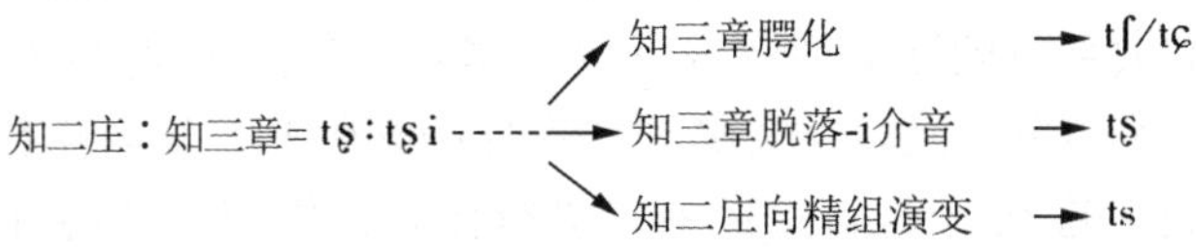

图 2-2　声母的音变过程

我们同意上述观点，认为胶辽官话中“知二庄”和“知三章”声母的对立主要受到了“-i”介音的影响，这种变化发生在“知庄章”声母合流之后。从胶东方言的现状和韵书的记载看，胶辽官话中知照组合流之后，“知庄章”应该是卷舌声母［tʂ、tʂʰ、ʂ］，卷舌声母与“-i”介音的拼合非常困难，容易发生腭化音变，“知三章”的腭化会使卷舌声母发音部位前移，成为舌叶音、舌面音或舌尖音。在胶辽官话登连片、青莱片中“知二庄”和“知三章”之间存在的［ts/tɕ］［tʂ/tʃ］［ts/tʃ］［ts/tʂ］的不同体现出腭化音变的不同阶段，舌叶音［tʃ］前移过程中表现出的更细微的音值变化也许需要进行声学实验的分析，以更微观地呈现音变的过程。

东北地区盖桓片的方言点存在舌尖前音和舌尖后音的自由变读，我们认为胶辽官话盖桓片的这种读音既与东北方言的影响有关，也受到语言系统内“庄”组类化的影响。

2.2.4　尖团音的读法

在胶辽官话中尖团音的读法比较复杂，根据尖团音是否相同我们可以将各方言点分为两种类型：分尖团和不分尖团。比较结果见表 2-8：

---

① 参见桑宇红：《〈中原音韵〉知庄章声母研究中的几个问题》，《语言研究》2009 年第 3 期。

表 2-8　尖团音的读音类型

	登连片	青莱片	盖桓片
分尖团	海阳、荣成、烟台$_{牟平}$、长海、招远	诸城、日照、莱州、平度、沂水	
不分尖团	莱阳、庄河、大连、东港、虎林	青岛	丹东、营口、集安、通化、盖州、长白

从表 2-8 可以看出，东北地区除长海外，其余的各方言点都不分尖团，即使属于方言特征比较鲜明的登连片的庄河市和大连$_{普兰店}$尖音和团音读法也一样。山东地区的大部分胶辽官话方言点分尖团音，我们所统计的 12 个山东地区的胶辽官话方言点除青莱片的青岛和登连片的莱阳外，其他各点都分尖团。

我们对分尖团的 10 个方言点进一步进行比较，发现具体的音值仍有较大差别，见表 2-9：

表 2-9　尖团音的读法

	精$_{精}$	经$_{见}$	取$_{清}$	曲$_{溪}$	星$_{心}$	兴$_{晓}$
海阳	tɕiŋ	ciŋ	tɕʰy	cʰy	ɕiŋ	çiŋ
烟台$_{牟平}$	tɕiŋ	ciŋ	tɕʰy	cʰy	ɕiŋ	çiŋ
平度	tsiŋ	ciŋ	tsʰy	cʰy	siŋ	çiŋ
荣成	tsiŋ	tsiŋ/ciŋ	tsʰy	tsʰy/cʰy	siŋ	Siŋ/çiŋ
莱州	tsiŋ	tɕiŋ	tsʰy	tɕʰy	siŋ	ɕiŋ
诸城	tθiŋ	ʧəŋ	tθʰy	ʧʰy	θiŋ	ʃəŋ
日照	tθiŋ	ʧəŋ	tʰy	ʧʰy	θiŋ	ʃəŋ
招远	tsiŋ	ciŋ	tsʰy	cʰy	tsiŋ	çiŋ
沂水	tsiŋ（ziŋ）	tɕiŋ	tsʰy	tɕʰy	siŋ	ɕiŋ
长海	ʧiŋ	ciŋ	tʃʰy	cʰy	ʃiŋ	çiŋ

从表 2-9 看，这几个方言点尖团音的读法还可以进行更为细致的分类，像烟台$_{牟平}$一带精组细音字腭化，见组细音字是很接近舌根音［k、kʰ、x］的舌面后音［c、cʰ、ç］，莱州一带精组字未腭化，是舌尖前音，见组字已经腭化为舌面音，而平度、荣成一带精、见组细音字都没有腭化，沂水方言的读法比较特殊，其中精组细音字有浊音色彩。结合胶辽官话其他方言的情况，胶辽官

话中尖团音的读法可以细分为以下五种类型。

（1）荣成型

特点：见组细音字声母文读为［c、cʰ、ç］，精组细音字声母为［ʦ、ʦʰ、s］。

荣成型见组声母文读为舌面中音［c、cʰ］，与［k、kʰ］听感上很接近，与精组细音字形成了舌面/舌尖的对立。

（2）长岛型[①]

特点：见组细音字声母为［c、cʰ、ç］，精组细音字声母为［ʧ、ʧʰ、ʃ］。

长岛型见组细音没有文读、白读的分化，声母都是舌面中音，精组声母为舌叶音，同时细音变洪音，精、见组之间形成了声母舌面/舌叶和韵母洪细的对立。

（3）烟台型

特点：见组细音字声母为［c、cʰ、ç］，精组细音字声母为［ʨ、ʨʰ、ɕ］。

烟台型见组细音声母是舌面中音，精组细音为舌面塞擦音，精组腭化的速度更快，走在了见组的前列。

（4）青岛型

特点：见组细音字声母为［ʨ、ʨʰ、ɕ］，精组细音字声母为［ʦ、ʦʰ、s］。

青岛型见组细音声母腭化为舌面前音［ʨ、ʨʰ、ɕ］，如果荣成型代表见组细音早期的状态，从荣成型文读变为青岛型，即［c、cʰ］→［ʨ、ʨʰ］，发音方法发生变化，由塞音到塞擦音，似乎只有一步之遥。

（5）大连型

特点：精、见组细音声母都腭化为［ʨ、ʨʰ、ɕ］，精、见组合流。

大连型可以看作胶辽官话中尖团音变化最快的类型，其精、见组细音都完成了腭化，并走向合并。

在胶辽官话尖团音形成的多种类型中，荣成方言代表了早期的读音类型，大连方言则代表了后期变化较快的读音类型。

从方言中精见组音值的情况我们可以推测出尖团音分合的过程，如图 2-3 所示：

---

① 2020 年 6 月，国务院批复撤销蓬莱市、长岛县，设立蓬莱区，以原蓬莱市、长岛县的行政区域为蓬莱区行政区域。由于本书调研时间较早，特保留该类型，以下如有此种情况，不再说明。

完整保留阶段 ⟶ 部分保留阶段 ⟶ 合并阶段

精组[ts、tsʰ、s]>精组[ts、tsʰ、s]>精组腭化
精组[tθ、tθʰ、θ]
见组[k、kʰ、x]>见组[c、cʰ、ç]>见组腭化
见组[tʃ、tʃʰ、ʃ]
} 精见组腭化合并

图 2-3　尖团音分合的过程

其中，胶辽官话中部分方言点团音读如尖音的现象比较引人注意。罗福腾记录了荣成、威海$_{\text{文登}}$一带团音字读成尖音的现象，并列举了其中一些常用字的文白读法。

我们整理出《方言调查字表》（1981）中常用的见组细音字，共 203 个，其中包括开口二、三、四等字 168 个，合口三、四等字 35 个，对这些字单念和词语中的读法进行了调查。发音人为男性，1944 年出生，退休教师，一直住在荣成市区。

调查结果显示，老年发音人具有文读和白读两种读法或只有白读一种读法的字约为 12%，多来源于见组开口二、四等字，比如家、教、见、瞎、强等，文读为［c、cʰ、ç］，白读为［ʦ、ʦʰ、s］①，见表 2-10：

表 2-10　荣成市区老年人见组细音读法

例字	读法	中古来源
曲、句、区、权、决	c、cʰ、ç	见组合口三等、四等
夏、戒、鸡、球、近	c、cʰ、ç	见组开口二等、三等、四等
家、街、间、教、经	ts、tsʰ、s（白）	见组开口二等、三等、四等
家、街、间、教、经	c、cʰ、ç（文）	见组开口二等、三等、四等

有文白异读或只有白读一种读法的字在见组细音字中占比不高，大部分字来自开口二、四等韵、带“i”介音，即［ia、iɛ、iɔ、in、ian、iaŋ］等韵母，这些字在口语词或方言土语词中多为白读，在新词或书面色彩较强的词语中则为文读，比如家（cia 家庭，tsia 人家、家里）、嫁（cia 出嫁，tsia 嫁人家）、咸（çian 有点咸，sian 咸菜）、间（cian 中间，tsian 间苗）、牵（cʰian 牵手，tsʰian 牵牛）、街（ciɛ 街道，tsei 大街、街上）、系（çi 联系，tsi 系上）、教

① 参见亓海峰：《荣成方言见组细音字变异研究》，《语言科学》2022 年第 1 期。

（ciɔ 教师，tsiɔ 教书）、浇（ciɔ 浇灌，tsiɔ 浇水）、叫（ciɔ 叫喊，tsiɔ 叫一声）、嫌（çin 嫌弃，sin 嫌乎）、下（çia 下级，sia 下去）、经（ciŋ 经过，tsiŋ 经地）、碱（cian 碱水，tsian 盐碱地）。少数字在新词中很少出现，只有白读一种读音，比如窖（tsiɔ 地窖、窖白菜）、秸（tsei 麦秸、谷秸）。

从表 2-10 可以看出，见组字读尖音的读法在荣成老派方言中方言土语词和新词（书面用语）中读法不一样，在口语常用词或方言土语词中一般读尖音，在新词中一般读团音，见系字读尖音的读法应该是更早的层次。

据宫钦第研究，"宋代天圣五年，宋仁宗敕赐'望浆院'匾额于荣成望港山下佛教寺院，以'浆'为'港'，是'港'的白读音与'浆'相同，至今土音仍然这样读"①，此外，《胶州志》（1845）也有方言中团音字读舌尖音的零星记载，结合荣成方言的材料可以推测胶辽官话中团音字读舌尖音的现象早已存在。

"见"系字逢细音读舌尖音的现象现在主要分布在胶辽官话登连片的几个方言点，我们目前发现有材料记载的是荣成、烟台、乳山、威海、胶州、莱阳、莱州和莱西，集中在山东半岛东部，大部分属于胶辽官话登连片。在冀鲁官话与胶辽官话接壤的方言过渡地带也可以发现这种文白异读现象，比如山东的莱芜、博山等地，但是它们读为尖音的团音字很少，只有"耕、更、虹、冈"等少数见系字在细音前白读时与尖音字读法相同，这种语音现象远不如胶东地区特点突出。东北地区的胶辽官话中均没有发现这种语音现象。结合文献资料、方言词汇文白异读的现实，我们认为团音字读尖音的现象反映出胶辽官话中见系字最古老的读法。根据其地理分布，可推测这一读法也许在一定的历史时期在胶东地区较为普遍，随着官话方言的逐层覆盖，该语音现象在胶东半岛的周边地区渐趋消失，只在胶辽官话的中心地带即山东半岛沿海一带还保留着。

2.2.5　"蟹止山臻"四摄合口字"u"介音的读法

在胶辽官话中"蟹止山臻"四摄合口端系字往往没有"u"介音，这部分字包括八个小韵的端系字，列举如下：

蟹摄合口一等灰韵、泰韵和三等祭韵的 17 个字：堆、对、推、腿、退、队、蜕、兑、内、雷、崔、催、罪、碎、最、脆、岁；

止摄合口三等支、脂二韵的 15 个字：累、嘴、随、髓、垒、类、泪、醉、

① 宫钦第：《胶东方言的历史演变》，浙江大学博士学位论文，2008 年，第 57 页。

翠、虽、穗、绥、粹、遂、隧；

山摄合口一等桓韵24个字：端、短、疃、团、断、锻、段、缎、夺、脱、暖、鸾、卵、乱、钻、攒、篡、氽、酸、钻、窜、撮、算、蒜；

臻韵合口一等魂韵、合口三等谆韵，共29个字：敦、墩、吨、顿、褪、屯、豚、饨、囤、沌、盾、钝、遁、嫩、论、仑、尊、村、撙、寸、孙、损、伦、沦、轮、遵、存、蹲、俊。

根据“u”介音是否丢失以及丢失的情况我们将胶辽官话不同方言小片代表性调查点分为“u”介音全保留型、“u”介音部分保留型、“u”介音全丢失型三种类型，见表2-11：

表2-11　“蟹止山臻”四摄“u”介音读音的类型

类型	胶辽官话登连片	胶辽官话青莱片	胶辽官话盖桓片
“u”介音全保留型		青岛、平度、诸城、日照、沂水、莱州	
“u”介音部分保留型	东港、虎林、大连		丹东、盖州、集安、长白、营口、通化
“u”介音全丢失型	招远、莱阳、海阳、荣成、烟台牟平、庄河、长海		

（1）“u”介音全保留型

特点：“蟹止山臻”四摄端系字合口呼完整地保留“u”介音。

胶辽官话青莱片的大部分方言点比如青州、临朐、诸城、青岛（黄岛区、即墨区）、高密、平度、寒亭、昌邑等地在“蟹止山臻”四摄的合口呼都保留着“u”介音。

以诸城方言为例，见表2-12：

表2-12　诸城方言“蟹止山臻”四摄“u”介音的读法

	蟹摄	止摄	山摄	臻摄
端透定	堆 tui		端 tuan	吨 tun
泥来	内 nui 雷 lui	类 lui 累 lui	暖 nuan	论 lun 轮 lun
精清从心邪	最 tsui	嘴 tsui	钻 tsuan	尊 tsun

（材料来自钱曾怡等：《诸城方言志》，吉林人民出版社2002年版）

从表 2-12 可以看出，在诸城方言中，“蟹止山臻”四摄的合口呼韵母都有“u”介音，在普通话中没有“u”介音的字，比如累、泪、类，在诸城话中也保留着“u”介音。

（2）“u”介音部分保留型

“u”介音部分保留型还可以细分为：“蟹止山臻”四摄端系字除“泥来”母外合口字其他字都保留“u”介音，“蟹止山臻”四摄只有精组字保留“u”介音，“端透定泥来”五母部分字丢失“u”介音。

东北地区类型二分布较多，比如大连、庄河、盖州、宽甸、营口、丹东、东港、大石桥、桓仁等地“蟹止山臻”四摄端系中的“泥来”母均丢失“u”介音，其余字保留“u”介音。比如盖州方言，见表 2-13：

表 2-13　盖州方言“蟹止山臻”四摄“u”介音的读法

	蟹摄	止摄	山摄	臻摄
端透定	堆 tui 推 tui		端 tuan	吨 tun
泥来	内 nei 雷 lei	类 lei 累 lei	暖 nan	轮 lən
精清从心邪	最 tsui	嘴 tsui	钻 tsuan	尊 tsun

盖州方言中“泥来”母字丢失了“u”介音，端系蟹止山臻摄的其他合口字还保留着“u”介音，盖州方言韵母的读法反映出在“u”介音丢失的过程中，“泥来”母字可能走在最前面。

还有些方言点精组字保留了“u”介音，其他字大部分丢失了“u”介音。据罗福腾研究，胶辽官话桓仁方言中部分字丢失“u”介音，部分字保留“u”介音，丢失“u”介音的大部分是“端透定泥来”五母的合口字，保留“u”介音的多是精组字。① 比如桓仁方言中“最、脆、岁、嘴、虽、穗、断、酸、顿、尊、村、存、孙”等精组字都有“u”介音，而“对、腿、累、短、卵、乱、嫩”等端组字都丢失了“u”介音。

（3）“u”介音全丢失型

特点：“蟹止山臻”四摄端系合口字都没有“u”介音。

“u”介音全丢失型分布于山东半岛东部，主要为胶辽官话登连片的方言点，比如荣成、烟台、威海、龙口、栖霞、莱阳、海阳、招远等地，不论声母为何，上述四摄的合口韵都读开口呼，比如海阳方言、荣成方言，见表 2-13。“u”介音全丢失型在东北地区较为少见。

① 参见罗福腾：《胶辽官话研究》，山东大学博士学位论文，1998 年，第 107 页。

表 2-13 荣成方言“蟹止山臻”四摄“u”介音的读法

	蟹摄	止摄	山摄	臻摄
端透定	堆 təi 推 tʰəi		端 tan	吨 tən
泥来	内 nei 雷 lei	类 lei 累 lei	暖 nan	轮 lən
精清从心邪	最 tsei	嘴 tsei	钻 tsan	尊 tsən

从上述方言点“蟹止山臻”四摄不同声母合口呼常用字读法的差异既可以看出方言内部的地域差异，也可以看出“u”介音丢失的阶段性，主要表现在以下两方面。

一是“蟹止山臻”四摄合口呼“u”介音读法的三种不同类型在胶辽官话地理分布存在明显规律，登连片各方言点上述字往往丢失“u”介音，青莱片大部分地区和盖桓片的各点有些字保留“u”介音，有些字丢失“u”介音，青莱片南部的沂水、青州一带则基本完整地保留着“u”介音。从地理分布上看，“u”介音的丢失以胶东半岛的东部为中心向辽东半岛和吉林、黑龙江扩散。

二是介音的丢失与音节中声母的发音部位有一定关系。胶辽官话不同方言中“u”介音丢失的类型大致反映出语音演变中“u”介音丢失经过了［n、l］后合口变开口→［t、tʰ、n、l］后合口变开口→［ts、tsʰ、s］后合口变开口等几个阶段。

“蟹止山臻”四摄合口介音的丢失现象在史书中早有记载。清人潘耒（1645—1708）的《类音》中已经出现了相关的例子，“北人读湍如滩，读潘如攀，读肱如公，读倾如穹”①，“湍”是山摄透母桓韵合口字，“滩”是山摄透母寒韵开口字，从《类音》的记载中可以推测出至迟在清代官话方言中合口韵已经出现了介音丢失的现象，胶辽方言中的不同表现反映出一种音变规律由胶辽官话的中心地带（胶东半岛）向西南和东北的边缘地带逐渐扩散，形成了不同的历史层次。“u”介音丢失的这种现象在汉语官话方言以及其他方言中也存在，比如中原官话、冀鲁官话、江淮官话等，在各地相继出版、发表的一些方言志和方言论文中可以发现大量有关方面的材料。

张光宇《汉语方言合口介音消失的阶段性》在广泛比较汉语方言中“u”介音消失的现象时，提出“u”介音的消失跟韵母也有一定关系，体现出uei>uən>uan>uaŋ 的先后顺序。对汉语方言中的这种现象，该研究认为“合口介音是否消失以及消失的次序依声母发音的舌体姿势而定，舌体后部越高越不容易消失，反

① 转引自宫钦第：《胶东方言的历史演变》，浙江大学博士学位论文，2008 年，第 47 页。

之则倾向消失”[1]，从发音动作和发音部位对这种现象进行了合理的解释。

结合胶辽官话不同方言点读法的差异，我们认为，从发音机理来说，“u”介音在唇音和鼻音边音后的脱落是 OCP（强制非曲拱）制约下的一种音变现象。u 具有［+round，+grave］的语音特征，鼻音和边音［n、l］的能量集中区比较低，具有［+grave］的特点，所以“u”介音容易脱落，舌尖中音［t、t^h］发音部分与［n、l］相同，在类推作用下，［t、t^h］后的“u”介音也逐步脱落；舌尖音［ts、ts^h、s］发音时喉部肌肉较紧张，接近“u”的收紧点，所以“u”介音在［ts、ts^h、s］和［k、k^h、x］的后面脱落得比较晚。

胶辽官话中“u”介音的脱落过程可以表示为图 2-4：

$$\left\{\begin{matrix}[+round]\\ [+grave]\\ [+bunched]\end{matrix}\right\} \longrightarrow \varnothing\ /\ [+round],\ [+grave],\ [-bunched]$$

图 2-4　胶辽官话中“u”介音的脱落过程

2.2.6　小结

本节从次浊平声的读法、清入声的读法、古“知庄章”的今读法、尖团音的读法、“蟹止山臻”四摄合口“u”介音的读法五个方面对胶辽官话登连片、青莱片和盖桓片代表性方言点的读法进行了分析和比较。通过比较这五项语音特征，我们可以看出，胶辽官话三个方言小片的语音特征反映出方言分化的不同历史层次[2]，见表 2-14：

表 2-14　胶辽官话语音特征的比较表

		次浊平声归派	清入声归派	尖团音的分化	“知庄章”的读法	“蟹止山臻”四摄
登连片	山东	50% 以上归清平	80% 以上归上声	尖团完整保留或部分保留	知二庄三对立	四摄端系合口字都没有“u”介音
	辽宁	15% 左右归清平	60% 以上归上声	尖团音部分保留	知庄章合一	部分丢失“u”介音

① 张光宇：《汉语方言合口介音消失的阶段性》，《中国语文》2006 年第 4 期。

② 参见亓海峰、李明兴：《辽宁东港方言“蟹止山臻”四摄端系字合口呼 u 介音的变异研究》，《开篇》2018 年第 1 期。

续表

		次浊平声归派	清入声归派	尖团音的分化	“知庄章”的读法	“蟹止山臻”四摄
青莱片		归浊平	70% 以上归上声	尖团完整保留或部分保留	知二庄三对立	部分丢失“u”介音
盖桓片	辽宁	10% 以下归清平	50% 以上归上声	不分尖团	知庄章合一	部分丢失“u”介音
	吉林	10% 以下归清平	40% 以上归上声	不分尖团	知庄章合一	部分丢失“u”介音
	黑龙江	10% 以下归清平	20% 以上归上声	不分尖团	知庄章合一	部分丢失“u”介音
《中原音韵》		大部分归浊平	全部归清上	分尖团	知二庄三对立	

胶辽官话各片方言之间的分化和演变关系可以用简图表示，如图 2-5：

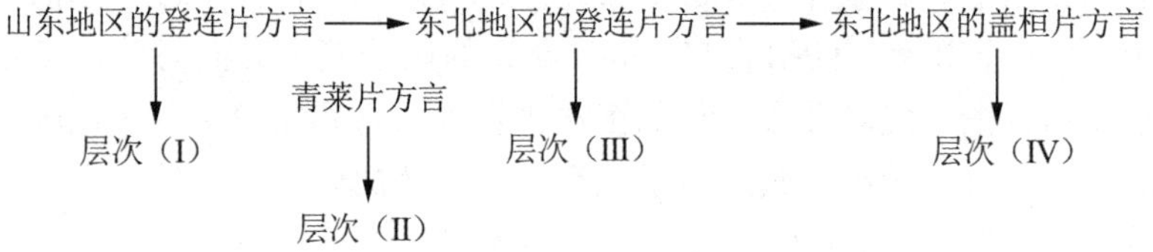

图 2-5　胶辽官话各片方言之间的分化和演变关系

胶辽官话以山东半岛尖角处的登连片方言最为古老，其多项语音特征与《中原音韵》时期的语音特征相近，伴随着人口的不断北迁，形成了层次相对新的东北地区的登连片方言；青莱片方言位于山东半岛的中南部，其语音层次介于山东的登连片方言和辽宁的登连片方言之间；盖桓片方言是清代中后期在登连片方言和青莱片方言的共同影响下才逐渐形成的，是胶辽官话中层次最新的方言片。三个方言小片之间的差异反映出胶辽官话不断扩散和分化的历史过程。

2.3　胶辽官话词汇的地域变异

词汇部分我们主要对不同方言点的村庄地名和民俗词语进行比较。

2.3.1　胶辽官话村庄地名的比较

地名是专有名词中比较特殊的一类，反映出人们认知地理事物的特点，是反映地域文化的一面镜子。地名一般由专名和通名两部分组成，专名是语素或单纯词，反映出当地的自然地理特征或人文地理特征，通名用于标识村庄的地理类型。

胶辽官话村庄地名多与姓氏、物产、地貌、经济活动有关，专名部分反映出当地的自然资源、地形地貌或宗族姓氏等。依据不同的命名理据，专名可以分为不同的类型。或以姓氏命名，比如丁家庄子、冷家庄子、孙家疃、陈家疃、秦家、黄家、官家屯、曲家屯、赵家屯等；或以山川地物命名，比如岚湖、弥河、石泉、柘山、河滩、横沟、陡崖子、大石桥、娘娘庙、白塔、寒亭等；或以物产资源命名，比如芹菜沟、柳沟、枣园、杏树、柞树、蚕庄、蟠桃、铁夼等；或以方位、颜色、数字命名，比如前头、河南、大北、山东、墨黑、黄埠、黑涧、乌沟、三里沟、七里庄、三十里堡、六汪、九里夼等；或以历史故事命名，比如晒字村、石老人、万岁河、仙人桥等；或以吉祥义命名，比如新安屯、正义屯、和平屯、欢乐屯、吉庆村、光明村等。

除了“专名+通名”的地名以外，还有些村庄地名结构复杂，由两个或两个以上的简单地名复合而成，形成了多层结构，比如山后李家、红石孙家、牛栏徐家、彦家张营、毕家南山、前朱陈沟、张画王家、横掌赵家等。

胶辽官话内部不同的地点方言形成、分化时间不同，所处地域不同，词汇发展演变的速度也有很大不同，我们在 2011 年对胶辽官话不同方言点的村庄名分别进行了统计、分析，发现青莱片、登连片和盖桓片的村庄地名在命名方式和通名的使用上都存在明显的差异。

胶辽官话村庄的通名中不仅有官话方言通行的庄、屯、家、村、堡等，还有方言中特有的窝棚、疃、夼、峪、洼、坨子、埠、岚、旗等。比如：

窝棚：胶辽官话中的辽南地区主要是移民聚居之地，早期移民生活艰苦，一般生活在窝棚中，胶辽地区有很多村庄以窝棚或窝集、窝落为通名，像营口的葛家窝棚、赖家窝棚、李家窝棚、薛家窝棚，大连的二道窝集，宽甸的石家窝棚，平度的窝落子，胶州的王家窝落等。

疃：村庄。胶辽一带村庄以疃为通名很普遍，像乳山的鲁家疃、小疃，烟台的李家疃、大疃，莱阳的崖疃、贺家疃，威海的孙家疃、陈家疃等。

夼：山谷之间的大沟。胶辽官话中位于山区的村庄多以夼为通名，像烟台的梨树夼，栖霞的马蹄夼，蓬莱的遇驾夼，荣成的雨夼，莱阳的徐家夼，招远的大夼等。

峪：山谷，清代《刘贵阳说经残稿》中说："两山之间谓之峪。"峪是胶辽地区村庄常见的通名，特别在辽南地区，像盖州有茨峪、瓦房峪、阎峪，岫岩有龙宝峪，营口有青花峪、石棚峪、铜匠峪等。

洼：地势低洼、湿润的地方。胶辽官话区山地和平原交互出现，位于低洼地带的村庄常以洼为通名，像青州的涝洼，招远的曹家洼、冯曹洼、程家洼，栖霞的孙家洼，莱州的刘家洼，烟台的西洼、曲家洼，青岛的董家洼、肖家洼等。

坨子：小土丘。辽宁东北部地区丘陵较多，位于丘陵地区的村庄以坨子为通名较为常见，比如辽宁大石桥的杉坨，盖州的北坨、黄坨，东港的吴家坨、徐家坨、沙坨、尹家坨子等。

埠：码头，是古代的南方地名，"'埠'字地名的分布地区稍稍向北移至河南和山东，可能是这种地名后来向北传布的结果"①，在胶辽官话中以埠为通名的村庄集中在山东沿海，比如平度的后南埠、王家埠、中华埠，青岛的郭家埠、邓家埠、东埠、西埠等。

从村庄通名的使用看，胶辽官话各方言小片之间在通名的使用上有共同之处，不同小片之间存在较明显的地域差异。我们对近一万个村庄名进行了统计和比较，统计结果显示，在胶辽官话登连片的方言点村庄通名使用频率居于前十位的为"家、庄、疃、夼、口、埠、沟、山、泊、店"，在胶辽官话青莱片各方言点村庄通名使用频率居于前十位的是"家、庄、屯、沟、洼、峪、埠、店、山、疃"，在胶辽官话盖桓片的方言点村庄通名使用频率居于前十位的是"村、堡、屯、沟、江、岭、营、家、甸、台"。山东地区的胶辽官话（登连片和青莱片）村庄通名使用"家""庄""屯"的比例非常高，而东北地区的胶辽官话村庄通名使用"村"和"堡"的比例很高。

胶辽官话内部村庄通名的差异反映出不同地域村庄形成历史背景的不同和

---

① 周振鹤、游汝杰：《方言与中国文化》，上海人民出版社 1997 年版，第 179 页。

地理环境的差异，比如东北地区常出现的“甸”“堡”“营”“旗”“窝棚”等村庄通名与历史上的兵屯、移民垦荒有关，这些村庄通名在山东地区的胶辽官话中较少发现。东北地区的村庄有些选择“江”“沟”“岭”“泡子”“穴子”等作为通名，反映出东北地区的地理特点，山东地区的村庄很少有用“江”和“泡子”作为村庄通名的。在山东地区常作为村庄通名使用的“疃”“夼”“埠”“岚”“峪”等地域特色鲜明，这些通名在其他方言中较少使用，形成历史很长，但在东北地区的胶辽官话中很少出现，反映出东北地区的村庄形成历史相对短，词语层次比较新。

胶辽官话不同地区村名的专名中也反映出一定的地域差异，山东地区的胶辽官话村庄专名多与姓氏有关，反映出宗族关系在村落形成中起着举足轻重的作用，而东北地区的村落专名更多地与地理环境、物产资源等相关，反映出这些地区的村落多为四方移民聚合而成，血亲和宗亲不是最重要的因素。这种差异越往北越明显，最典型的是黑龙江地区的虎林方言。虎林是个移民方言岛，村落是不同历史时期渐次形成的，虎林的村名中很少有山东地区常见的王家庄、李家屯、张家疃等，多是一些含有象征意义的地名，比如富裕屯、幸福屯、和平屯、和气屯、安乐屯、和平屯、团结屯、欢乐屯等。村庄专名的差异反映出胶辽官话不同地域词语历史层次和使用特点的不同。

2.3.2　民俗词语的比较

胶辽官话虽然兼跨山东、辽宁、吉林和黑龙江四省，但是在婚丧嫁娶以及饮食、居住等民风民俗方面都有较明显的内部一致性。这种一致性反映在各地的民俗词语中，本节选择节庆词语、婚俗词语和语言禁忌词语对山东和东北一带胶辽官话中的民俗词语进行比较。

春节是各地都非常重视的传统节日，我们先从胶辽官话各地春节期间的习俗对民俗词语进行比较。

小年：腊月二十三称为“小年”，从这一天开始老百姓就开始忙年，小年也叫“辞灶日”，因为这一天人们认为灶王爷升天。小年这一天在山东半岛、辽南半岛等地都有吃糖瓜和蒸粘糕的习俗。

大年三十：除夕胶辽各地都叫“大年三十”。大年三十晚上一家人要吃年夜饭，在胶辽官话区各地的年夜饭都是饺子。在胶东一带饺子常称为“咕子”，在辽宁和吉林一带叫“水饺、饺子”。大年三十晚上胶辽各地都有“守岁”的习俗，全家团聚，彻夜不眠。“守岁”有的地方叫“熬五更”“过大年五更”，方言里的说法不完全一致。在晚上十二点以后还要烧纸钱，这种习俗称为“发纸”，同时要放鞭炮，祭拜祖先。在胶东一带的农村吃完年夜饭以后，要带着孩子到场院祭场，称为“打囤子”。在东北一带打囤子的风俗比较少见，在东北一带大年三十的晚上吃完年夜饭以后大家喜欢打麻将或打牌，与胶东一带民风有所差异。

大年初一：初一早上胶辽各地都吃饺子，并且早上一般吃素饺子，为了图“（素）肃静”，体现出百姓求生活平安宁静的心理，在饺子里有时会放上硬币，谁吃到了带硬币的饺子谁今年会有好运。煮水饺时如果水饺煮破了，要说“挣”了（比如胶州、莱阳、莱州等地）、“中”了（比如青岛即墨等地）以图吉利。

大年初二：山东一带大年初二早饭吃面条，称面条为“钱串”，希望新年有财运，大年初二放鞭炮要“送神”。在东北地区大年初二有放鞭炮和走亲戚的习俗，但是“送神”的习俗比较少见。

正月十五：元宵节一般称正月十五，在山东各地除了有点灯的风俗以外，还有不少地方要“散灯”或做“神虫”。在胶东一带农村正月十五时多用豆油、面或胡萝卜、大白菜等做灯，等到晚上点上灯以后把它们分别放在水缸里、鸡窝里、大门口等地方，称为“散灯”，家人在一旁观看，灯燃烧时间越长预示来年越顺利。胶东农村还有的地方正月十五用面做“神虫”，比如山东招远用面做成龙或其他动物的样子放在水缸、面缸和窗台上，以示吉利。在辽宁、吉林一带也有相似的风俗。此外，因为东北一带朝鲜族比较多，有些风俗受到朝鲜族的影响，正月十五除了有放灯的风俗外，还有“迎月”“踏桥”“吃五谷饭”“喝聪耳酒”的习俗，这些习俗在山东一带没有。

正月十六：东北一带正月十六妇女和孩子去结冰的河上走，叫“走百病（白冰）”，山东一带没有此类风俗。

胶东地区的礼仪习俗比较多，东北一带则相对简单，但从民俗词语上可以看出它们有很多相似之处。下面以婚俗等为例进行比较。

迎亲：男女定下婚期以后，男方到女方家里去迎娶，迎亲时按照山东一带的风俗，男方需要先到家堂去“告庙”，以示对家里已故老人的尊重，然后去女方家中迎娶。在东北一带也有迎亲的风俗，与山东地区相似。

将媳妇、出门子：在胶东一带结婚男方称“将媳妇”，女方称“出门子”，这种民俗词语在辽东半岛也普遍存在。

全福人：新房要由“全福人”帮助布置，“全福人”就是儿女双全、丈夫和父母公婆都健在的女性，全福人有的地方也叫“全和人”，比如山东荣成。

看新媳妇：迎娶新娘喝喜酒以后，亲戚朋友都来看新娘，在胶辽一带农村都有“看新媳妇”的风俗。

坐床：在山东一带，新娘娶来以后当天要在新房里坐一天，大多数地方称这种习俗为“坐床”，有的方言称这种习俗为“坐庐帐”，比如山东胶州。还有的地方新娘需要在新婚的第一天在床上坐一晚上，彻夜不眠，比如山东莱阳，叫“坐福”。在辽宁、吉林一带也有“坐福”“坐床”的风俗，比如抚远、东港、大连等地。

回门：婚后夫妻回女方家称“回门”，一般是婚后第三天或第四天，招远、荣成等地是第三天，莱阳、胶州等地是第四天，莱阳方言中称为“回四”，青岛的胶州、黄岛、即墨等地称“望四日”。山东流行“站七回八，两头一起发，站七回九，两头一起有”，所以山东一带回门也叫“站九”，回门以后往往在娘家住两三天。在东北地区一般新婚后第二天回门。

贺新婚：在胶辽一带祝贺新婚一般叫“喜钱”“分子钱”，旧俗要送“莲子”（刻成莲花模子的面食）和红包。现在一般只送喜钱。

胶辽官话区大部分属于沿海地区，因为渔民比较多，所以这一带还有一些特殊的语言禁忌。比如渔民绝对不允许说“翻”，如果吃鱼时要把鱼翻过来在山东荣成、胶州、莱州等地都说“划过来”，出海叫“下河”，升篷叫“掌篷”。因为“煤”和“霉”同音，所以煤叫“扎子”，因为“蒜”和“散”同音，吃大蒜时要称大蒜为“义合菜”，烧香时香点完了要说“进了”，不说烧完了，大斧叫“带福”。不能说“翻、倒、扣、压”等不吉利的词语，说这些词时改说“划”“顺”。吃饭的时候忌把筷子横放在碗上，因为这意味着渔船遇险。这些习俗在辽宁沿海地区也普遍流行，比如辽宁东港方言中也有“掌篷”“划过来”“正过来”这样一些禁忌语的替代语。

2.4　胶辽官话反复问句的地域变异

胶辽官话语法上的特色主要体现在构词和一些特殊的句式上，其中反复问句和比较句是胶辽官话中比较有特色的句式。本节对胶辽官话反复问句的地域差异进行比较。

反复问句可用于已然体和未然体，在普通话中常见的表已然的反复问句句式主要有“V+没+V”“VP+没+VP”两种，表未然的反复问句句式有“V+不

+V”“VP+不+VP”和“V+不+VP”等。与普通话相比，胶辽官话中的反复问句形式比较复杂，内部也存在着比较明显的差异。

据罗福腾（1996）、钱曾怡（2010）的调查研究，胶辽官话表已然的反复问句句式有“VP+M+没（有）”“F+VP”“V+没+VP”等几种，“F+VP”中“F”是个专门用来表示反复问的前置词，在胶辽官话中表已然的反复问句常用“是没”做前置词；未然的反复问句句式有“F+VP”“V+不+VP”“V+VP”“VP+M+不”等四种，“F+VP”型表未然的反复问句用“是不”做前置词，在山东的威海、荣成一带胶辽官话的中心地带常用“是不”作为前置词；在胶辽官话中表未然的反复问句还有一种比较特殊的句式，即“V+VP”式反复问句，这种反复问句省略掉了“不”，形成了紧缩式反复问句，主要集中在山东招远、长岛一带地区。

我们对胶辽官话不同地区反复问句的句式特点进行分析比较。

（1）已然体

表已然的反复问句句式见表2-15至表2-17。

表2-15 胶辽官话登连片代表方言点表已然的反复问句句式

	他去没去？	他吃饭没吃饭？	他过去没过去？
威海	他是没去？	他是没吃？	他是没过去？
烟台	他去没去？	他吃没吃饭？	他过没过去？
荣成	他是没去？ 他没去？	他是没吃饭？ 他没吃饭？	他是没过去？
烟台牟平	他是没去？ 他可没去？	他是没吃饭？ 他可没吃饭？	他是没过去？ 他可没过去？
招远	他去不去？	他吃没吃饭？	他过没过去？
东港	他去不去？	他吃没？	他去没去过？
虎林	他去不去？	他吃没吃？	他去没去过？

表2-16 胶辽官话青莱片代表方言点表已然的反复问句句式

	他去没去？	他吃饭没吃饭？	他过去没过去？
平度	他是还没去？ 他是没去？	他是还没吃饭？ 他是没吃饭？	他是还没过去？ 他是没过去？
青岛	他去没去？	他吃没吃饭？	他过没过去？

续表

	他去没去?	他吃饭没吃饭?	他过去没过去?
潍坊	他去啊吧?	他吃啊吧?	他过去啊吧?
莱州	他去没去?	他吃没吃饭?	他过没过去?
诸城	他去了没（mə）? 他去过没（mə）?	他吃饭了没（mə）? 他吃过饭没（mə）?	他过去了没（mə）?

表 2-17 胶辽官话盖桓片代表方言点表已然的反复问句句式

	他去没去?	他吃饭没吃饭?	他过去没过去?
通化	他去没去?	他吃没吃饭?	他过没过去?
集安	他去没去?	他吃没吃饭?	他过没过去?
营口	他去没去?	他吃没吃饭?	他过没过去?
宽甸	他去没有? 他去没去?	他吃饭没有? 他吃没吃饭?	他过去没有? 他过没过去?
盖州	他去没有? 他去没去?	他吃饭没有? 他吃没吃饭?	他过去没有? 他过没过去?
长白	他去没去?	他吃没吃饭?	他过没过去?
丹东	他去没去?	他吃没吃饭?	他过没过去?

（2）未然体

对胶辽官话不同方言小片表未然的反复问句进行比较，见表 2-18 至表 2-20：

表 2-18 胶辽官话登连片各方言点表未然的反复问句句式

	他是不是山东人?	他去不去?	他吃饭不吃饭?
威海	他是山东人?	他是不去?	他是不吃?
烟台	他是不是山东人?	他去不去?	他吃不吃饭?
荣成	他是不是山东人? 他不是山东人?	他是不去? 他不去?	他是不吃饭? 他不吃饭?
烟台$_{牟平}$	是不山东人? 可不山东人?	他是不去? 他可不去?	他是不吃饭? 他可不吃饭?

续表

	他是不是山东人？	他去不去？	他吃饭不吃饭？
招远	他是是山东人？	他去去？	他吃吃饭？
东港	他是不是山东人？	他去不？	他吃不？
虎林	他是不是山东人？	他去不去？	他吃不吃饭？

表 2-19　胶辽官话青莱片各点表未然的反复问句句式

	他是不是山东人？	他去不去？	他吃饭不吃饭？
平度	他是不山东人？	他是不去？	他是不吃饭？
青岛	他是不是山东人？	他去不去？	他吃不吃饭？
潍坊	他是山东人啊吧？	他去啊吧？	他吃啊吧？
莱州	有没有人？	他去没去？	他吃没吃饭？
诸城	他是山东人啊不？	他去啊不？	他吃饭啊不？

表 2-20　胶辽官话盖桓片各点表未然的反复问句句式

	他是不是山东人？	他去不去？	他吃饭不吃饭？
通化	他是不是山东人？	他去不去？	他吃不吃饭？
集安	他是不是山东人？	他去不去？	他吃不吃饭？
营口	他是不是山东人？	他去不去？	他吃不吃饭？
宽甸	他是山东人不是？ 他是不是山东人？	他去不去？ 他去不？	他吃不吃饭？ 他吃饭不？
盖州	他是山东人不是？ 他是不是山东人？	他去不去？ 他去不？	他吃不吃饭？ 他吃饭不？
长白	他是不是山东人？	他去不去？	他吃不吃饭？
丹东	他是不是山东人？	他去不去？	他吃不吃饭？

（山东省内各方言点的材料参见钱曾怡主编：《山东方言研究》，齐鲁书社 2001 年版，第 301~302 页）

从表 2-15 至表 2-20 中我们可以看出，反复问句不同句式的地域分布在胶辽官话中具有一定的规律性，具体见表 2-21。

表 2-21　胶辽官话各点反复问句的不同类型

		登连片	青莱片	盖桓片
已然体	V+没+VP	烟台、大连、瓦房店、庄河	青岛、莱州	丹东、盖州、营口、集安、长白、通化、东港、虎林
	F+VP	威海、烟台牟平、荣成、莱阳、乳山、海阳、龙口、烟台蓬莱	平度、沂水	
	VP+（M）+没（有）	招远	沂水、诸城、潍坊、胶州、安丘、青州	岫岩、宽甸
未然体	V+不+VP	烟台、大连、瓦房店、庄河	青岛、莱州	丹东、盖州、营口、集安、长白、通化、虎林、东港
	F+VP（是不VP）	威海、烟台牟平、荣成、莱阳、乳山、海阳、龙口、烟台蓬莱	平度、沂水	
	VP+M+不		沂水、诸城	岫岩、宽甸
	V+VP	招远、长海		

胶辽官话登连片的反复问句句式最为丰富，“F（是不或是没、可）+VP”型反复问句、“V+Neg（不或没）+VO”型反复问句和“V+VP”型反复问句都比较常见，胶辽官话青莱片的反复问句句式主要是“F（是不或是没、可）+VP”型和“V+Neg（不或没）+VO”型，东北地区的胶辽官话反复问句句式比较单一，主要是“V+Neg（不或没）+VO”型，而在普通话和其他北方官话中常见的“VP+Neg（不或没）+VP”型反复问句在胶辽官话中较少使用。

据裘锡圭先生研究，在西周时期钟鼎文中就出现了“VP+Neg”的反复问句。[①] 在魏晋南北朝时期“VP+Neg”成为当时占主要地位的强势反复问句句式，并在近代得到长足发展，出现了“VP不、VP否、VP未、VP是、VP无”等变体。随着否定词的逐渐虚化，在VP前出现疑问副词的句式“可VP”在近代汉语中也开始出现，在《元曲选》宾白中有不少用例，近代后期的文献中也广泛存在，到明清时期逐渐减少。胶辽官话“可VP”的句式，我们认

① 参见裘锡圭：《关于殷墟卜辞的命辞是否问句的考察》，《中国语文》1988年第1期。

为，“是不 VP”和“是没 VP”是“可 VP”与“VP+Neg”的混合变体，明清时代的山东方言背景的白话文献中我们较少发现这种句式，它们大概产生于近代晚期。从现代胶辽官话反复问句的使用情况看，“可 VP”和“是没（不）VP”可以同存于同一个方言点中，比如烟台牟平方言、荣成方言。

“VP+Neg（不或没）+VP”型反复问句在先秦时代尚未发现，在秦代睡虎地秦墓竹简简文中开始出现，并在唐代得到发展。① 据戚晓杰的研究，明清时代的山东方言背景白话文文献《金瓶梅》《醒世姻缘传》和《聊斋志异》中“VP+Neg（不或没）+VP”型反复问句出现的频率很高，分别占反复问句总数的 48.7%、46.4% 和 73.2%②，成为当时占绝对优势的反复问句句式，动词后面带宾语的前省式即“V+Neg（不或没）+Vo”型反复问句在上述文献中使用频率很低，胶辽官话中这种广泛出现的反复问句句式可能是明清以后反复问句发展演变的结果。

胶辽官话反复问句的不同句式反映出不同的历史源流，不同句式的地域分布与语音特征的地域分布有一定的对应关系，我们可以了解到东北地区胶辽官话语言层次比较新，山东地区的胶辽官话，特别是山东地区登连片的胶辽官话地处海岛一隅，自古交通不便，所以保留了更多更古的方言特征。

① 参见戚晓杰：《明清山东方言背景白话文献特殊句式研究》，中国社会科学出版社 2007 年版，第 236 页。

② 参见戚晓杰：《明清山东方言背景白话文献特殊句式研究》，中国社会科学出版社 2007 年版，第 229 页。

第三章　接触和变异——大连方言的共时变化

大连是辽宁省沿海的一个港口城市，位于辽东半岛最南部，西临渤海、东靠黄海，与山东半岛相对。

大连广大农村地区的居民多是清代以来山东半岛的移民后代，市区的居民大部分是20世纪山东、河北一带移民的后代。历代大规模的移民就形成了大连与山东在民俗、方言方面具有密不可分的关系。

大连方言属于胶辽官话登连片的烟威小片，由于地处辽东半岛的最南端，人口来源和方言区属与山东半岛沿海一带有密切关系，大连方言带有胶辽官话的典型特征，它的方言特点及发展演变在东北地区的胶辽官话中具有代表性。

大连方言的调查研究很早就受到学界关注，关于大连方言的语音特点已有较多成果，特别是对其声调的调查研究较多（宋学，1963；刘虹，1993；高玉娟，2007；张滢、曹文，2010）。研究者采用田野调查或声学分析的方法调查描写了大连方言的声调面貌，上述研究由于调查时代不同、研究视角不同，研究结论不尽相同，但对大连方言语音特征特别是声调特征的描写和分析，能够较全面地反映出该单点方言语音的面貌。

关于大连方言词汇和语法的调查描写比较少，研究成果多为硕士学位论文，比如王笑舒（2010）、张琳丽（2021）等都调查描写了大连方言词汇的部分特征。

大连方言作为以山东移民为基础形成的地域方言在辽宁地区有其独特的历史背景和发展过程，其发展演变在东北地区的胶辽官话方言点中具有代表性，目前对大连方言的研究以微观的描写为主，对其共时发展以及历时演变的研究还不多见。

我们在对大连方言语音、词汇进行传统调查描写的基础上，重在呈现其方言变异的过程和特点。本章所调查的大连方言主要指以甘井子区为代表的市区方言。

3.1 大连方言概况

3.1.1 大连的地理位置、历史沿革

大连是辽宁省的副省级市，位于辽东半岛最南端，在渤海和黄海之间，是辽东半岛的经济文化中心，也是东北地区重要的港口和经贸旅游城市。

大连总面积约 13000 平方千米，包括中山区、西岗区、沙河口区、甘井子区、旅顺口区、金州区、普兰店区七个区，瓦房店、庄河两个县级市，还包括长海这个海岛县，截至 2022 年末，大连市常住人口约 608.7 万人。

大连作为东北地区的门户，有较长的开发历史，秦汉时期大连地区属于辽东郡辖区，三国时期大连地区属于魏国辽东郡，唐代大连称三山浦，归安东都护府，明清时期大连称为三山海口、青泥洼。由于明末清初辽东地区长期战乱，包括大连在内的辽东半岛南部很长一段时期人口稀少，清代初期战乱后的大连甚至只有数百人，形成了“沃野千里，有土无人”的状况。在清代以来垦荒的移民政策下，山东、河北一带关内的百姓为谋生移居到辽东半岛并世代居住下来，“至乾隆四十六年（1781 年）复州移民达八万人，宁海县移民达 3.7 万人，整个大连地区移民人口达 11.7 万人”①，据《大连通史 · 古代卷》康熙年间“奉天南滨大海，金（州）、复（州）、盖（平）与登（州）对岸，故各属皆为山东人所据……这些流民的一部分（主要来自登州、莱州、青州等地）就定居在复州、金州等南部沿海地区，从事渔业”②。

移民成为近代以来大连人口的基础，清末洋务派倡导加强海防，大连湾成为固防的重要港口，在固防政策影响下又出现了一次规模较大的移民潮，大批劳工从山东威海、莱州、青州自水路来到大连。民国时期自山东闯关东迁入东北的移民仍不断增多，路遇对山东 9 个县、22 个乡、33 个村的“闯关东”情况进行了调查，指出“山东移民东三省，有两条路线：一是西路，这是一条陆路……第二条是东路，这是一条海路。移民大都是坐车或步行到烟台、威海、青岛、石臼港，然后坐火轮船到大连登陆……”③ 胶东地区三面环海，胶东的人民多以渔业为生，沿海通行比较方便，到辽东地区较为便利，这为胶东

---

① 大连市史志办公室：《大连市志 · 民俗志》，方志出版社 2004 年版，第 196 页。

② 转引自刘丽丽：《大连方言语音的过渡性特征》，《语言研究》2020 年第 3 期。

③ 路遇：《清代和民国山东移民东北史略》，上海社会科学院出版社 1987 年版，第 60 页。

人口往东北地区流动创造了天然的有利条件。曹聚仁介绍，闯关东的“那些山东人，大部分都是从青岛、芝罘下船，到了大连营口上岸的。……而今，东北三省人口约六千三百万人，其中山东人三千一百多万……”①

辽东半岛的各种地方志中对这一历史过程有不少的记载，比如《岫岩县志》：“1741 年（乾隆六年），山东牟平、莱阳等地难民来至境内，传入柞蚕放养技术。1761 年（乾隆二十六年），山东、河北、河南、山西等地汉人大量流入境内定居。”②《东沟县志》：“1741 年（乾隆六年），山东牟平、莱阳等地难民将柞蚕放养技术传入县境。”③《营口市志》：“1905 年（清光绪三十一年），营口有人口约 74033 人，其中：埠区 51537 人，郊区 22496 人，山东人几乎占人口的半数（其中又以登州府人为最多，其次为莱州、青州、武定等地人）。”④《长海县志》记录了清代以来“因山东一带战乱未息，连年遭灾，故此，山东登州一带的居民，便先后乘船来岛，占领地盘，安家落户。据考清初最先登岛的姓氏有：小长山岛丁、宋二姓；大长山岛盖、傅二姓；广鹿岛王、吴、袁三姓；獐子岛张、刘、王三姓；海洋岛徐、王二姓；石城岛朱、徐、宋三姓。继后，山东又数次移民于长山列岛……”⑤

辽东地区的县志、民间家谱和碑文等对清初和清代中叶胶东移民迁移辽东的史实也有详细的描述，比如“辽宁岫岩《王氏家族统谱》：祖籍山东登州府”，“辽宁本溪《马氏家谱》：祖籍山东登州府”，“辽宁北镇《刘氏世谱》：祖籍山东登州府栖霞县”⑥，辽宁岫岩“苏子沟周氏，清嘉庆初年由山东蓬莱县迁居兹土，以经商起家。……松树秧葛氏，清嘉庆末年由山东黄县迁徙于兹。以经商起家，传凡八世，丁口百有余”⑦。

新中国成立以后，大连在 20 世纪 50、60 年代又安置了不少其他地区的移民，据资料记载（王万涛，2004），1960 年大连安置了大量来自青岛即墨的移民，1960 年 7 月来自山东掖县、胶州的支边移民达 885 户，来自山东青岛黄岛一带参与修铁路的移民约 100 户。60 年代以来大连仍有大批来自山东沿海各县市的移民，这些来自胶东一带的移民长期生活在一起，方言相互影响，使大连方言与胶东半岛各地方言既相似又有所区别。

---

① 曹聚仁：《万里行记》，生活 · 读书 · 新知三联书店 2000 年版，第 390 页。

② 岫岩县志编辑部编：《岫岩县志》，辽宁大学出版社 1989 年版，第 8 页。

③ 许敬文主编：《东沟县志》，辽宁人民出版社 1996 年版，第 19 页。

④ 营口市地方志编纂委员会编：《营口市志》，中国书籍出版社 1992 年版，第 47 页。

⑤ 《长海县志》编纂委员会编：《长海县志》，大连日报社印刷（内部发行）1984 年版，第23 页。

⑥ 刘德增：《闯关东——2500 万山东移民的历史和传说》，山东人民出版社 2008 年版，第 63 页。

⑦ 刘景文修，郝玉璞纂：《岫岩县志》卷三，1928 年铅印本，第 317 页。

大连位于辽东半岛最南端，与山东半岛隔海相望，其方言在明清以来山东半岛移民迁徙的影响下带有鲜明的胶辽官话特点。同时在商业来往、文化交流等因素的影响下，大连方言又不断受到普通话和周边方言的影响，形成了与山东地区胶辽官话不同的过渡性方言特色。

3.1.2 大连方言的特点

3.1.2.1 语音特点

我们记录了大连甘井子区一位老年男性发音人的音系。发音人 67 岁，身体健康，发音清晰，一直居住在大连，没有长期外出的经历，可以代表大连老派的发音。

（1）声母

大连方言声母（不包括零声母）有 21 个：

p 别博把布	pʰ 皮盘盆怕	m 名命毛麻	f 房服福飞		v 五未挖尾
t 都读大到	tʰ 图土太同	n 努怒年女		l 辣炉路蓝	
ts 组租祖早	tsʰ 粗醋藏处		s 苏森算散		
tʂ 知蜘煮照	tʂʰ 除吃长处		ʂ 鼠叔书生		
tɕ 家姐进济	tɕʰ 去秋切七		ɕ 虾虚峡西		
k 干高瓜关	kʰ 空看开宽		x 喝话婚红		

（2）韵母

大连方言韵母有 36 个：

ɿ 子资字四	i 济计一皮	u 都土炉竹	y 虚巨局鱼
ʅ 知纸翅职			
ɚ 二耳儿而			
a 辣大爬码	ia 家虾夹恰	ua 话瓜刷花	
ə 哲喝蛇色	iə 姐街节野	uə 火国过活	yə 雀鹊雪瘸
ai 开彩买盖		uai 外帅怪歪	
ei 肥没杯最		uei 水追回贵	
au 毛高老报	iau 椒孝晓觉		
ou 收粥斗丑	iou 舅九休球		
ã 站占南干	iã 鲜练件闲	uã 传转算晚	yã 圈旋选卷
ən 神侦根陈	in 新心进亲	uən 存顺文准	yn 训讯寻军
aŋ 张长樟香	iaŋ 姜将墙箱	uaŋ 光双床王	
əŋ 省生风蒸	iŋ 兴清星鲸	uŋ 通空红虫	yŋ 穷兄胸荣

（3）单字调

大连方言声调有 3 个，见表 3-1：

表 3-1　大连方言声调表

声调	调值	例字
阴平（去声）	51	高家虾夹新清/路站干巨练件
阳平	34（342）	肥图毛红峡球
上声	213	土老回水九姐/笔出福北

从调类归派看，这位老派市区发音人只有三个单字调，其中阴平和去声合并为高降调，阳平的读法不够稳定，在 34/342 之间游移。

后字为非轻声的两字组连读变调情况见表 3-2：

表 3-2　大连方言两字组连读表

		前字		
		阴平 51	阳平 34	上声 213
后字	阴平 51	55+51	34+51	55+51
	阳平 34	51+34	34+34	213+34
	上声 213	51+213	34+213	34+213

大连老派发音人在后字为非轻声的两字组中，形成几种变调，变调均发生了前字，其中，“阴平+阴平”“上声+阴平”前字变高平；“上声+上声”的组合中前字变阳平。

（4）声韵调特点

大连方言声韵调特点有以下六点。

第一，前鼻尾弱化，[an、ian、uan、yan] 弱化为鼻化元音 [ã、iã、uã、yã]。

第二，止开三以外的日母字读零声母。

第三，部分蟹摄端系字没有“u”介音，比如对、堆、腿、内、雷、崔、罪、岁、最。

第四，《广韵》中“庄初崇生”声组的部分字在“u”介音前声母读为 [ts、ts^h、s]。

第五，次浊平声字少数与清平声一起归入阴平，大部分字归入阳平。

第六，入声舒化，全浊入声归阳平，次浊入声归去声，清入声部分归入上声。

（5）儿化和轻声

大连话中儿化韵使用频率很高，韵母与卷舌韵［ər］相拼以后有些发生音变，共构成 26 个儿化韵，见表 3-3：

表 3-3　大连方言儿化表

韵母	儿化韵	例词	韵母	儿化韵	例词
a	ar	方法儿	əu	əur	水沟儿
ia	iar	小芽儿	iəu	iur	小牛儿
ua	uar	花儿	yã	yɛr	小院儿
ə　ən	ər	坡儿、鞋跟儿	aŋ	aŋr	水缸儿
iə　iən	iər	叶儿、印儿	iaŋ	iaŋr	小将儿
uə	uər	罗锅儿	uaŋ	uaŋr	天窗儿
yə	yər	三角儿	əŋ	əŋr	绳儿
i	iər	小鸡儿	iəŋ	iəŋr	星儿
u　uei	uər	小肚儿、小鬼儿	uəŋ	uəŋr	水瓮儿
y	yər	金鱼儿	yəŋ	yəŋr	蚕蛹儿
ɿ　ʅ	ər	土豆丝儿、大侄儿			
ai　ã	ɛr	小孩儿、竹竿儿			
iai　iã	iɛr	河沿儿、斗眼儿			
uai　uã	uɛr	一块儿、拐弯儿			
au	aur	书包儿			
iau	iaur	竖条儿			

3.1.2.2　词汇特点

大连方言存在一些古词语，与山东半岛一带胶辽官话方言的词语相近，比如艮 kən^{213}（形容食物有弹性）、糗 tɕʰiu^{213}（形容食物成为黏稠的块状）、呔饭 tɛ^{213}fã^{51}（吃饭）、夜儿个 iər^{51}kə（昨天）等词语都是古词语，也是胶辽官话山东各方言点较为通行的特色词语。同时大连方言中也有较多词语来自东北官话，比如胎歪 tʰɛ^{51}vɛ（形容人没有精神）、赖色 lɛ^{51}sɛ^{31}（形容人娇气），还有少量来自满语的词语，比如屯儿 tʰunr^{34}、老嘎 lɔ^{213}ka^{34}，这些词语相互混合，共同形成了大连方言词汇系统。

由于方言词汇变化比较迅速，我们在词汇系统中选择了与当地民俗、文化密切相关的特色词语和比较稳定的自然村地名词语，参照《大连市志·民俗志》（2004）和部分地方志举例说明大连方言词汇的特点。

（1）特色词语

大连方言特色词语如下：

1. 填仓 tʰiã^{34}tsʰaŋ^{51}：正月二十五在粮仓或粮食囤里放一个插上筷子的米碗，祈求一年内粮食丰收。

2. 掐谷子 tɕʰia^{51}ku^{21}tsɿ：谷子成熟时把谷穗摘下来晾晒。

3. 捎地 sɔ^{55}ti^{51}：请其他农户代耕自己家的地。

4. 打灰囤 ta^{21}xui^{51}tuər^{34}：二月二龙抬头时烧一些草灰，祈求风调雨顺。

5. 神虫 sən^{34}tsʰuŋ^{34}：春节时吃的一种面食，用面做成蛇的形状，放在粮仓里。

6. 放海灯 faŋ^{51}xɛ^{55}təŋ^{51}：正月十三在海边放灯，寓意出海平安。

7. 渔眼 y^{34}iã^{213}：有经验的渔民瞭望鱼群，指挥撒网。

8. 装网 tsuaŋ^{51}vaŋ^{213}：出海捕鱼。

9. 妈祖 ma^{51}tsu^{213}：海神娘娘。

10. 赶集 kã^{213}tɕi^{34}：去集贸市场买卖。

11. 寿材 ʂəu^{51}tsʰɛ^{34}：棺材。

12. 发子 fa^{51}tsɿ^{1}：吃年夜饭时在饺子中放进硬币，吃到的人一年有好运。

13. 海青房 xɛ^{55}tɕʰiŋ^{51}faŋ^{51}：海边农民的住房。

14. 温锅 vən^{55}kuə^{51}：去新房贺迁。

15. 看亲 kʰã^{55}tɕʰin^{51}：相亲。

16. 察人家 tsʰa^{51}in^{34}tsia^{2}：女方父母在相亲后找人去了解男方的家庭。

17. 过礼 kuə^{51}li^{213}：送定亲礼。

18. 送日子 suŋ^{55}i^{51}tsɿ^{1}：定婚期。

19. 贺新郎 xə^{55}ɕin^{51}laŋ^{34}：结婚时亲朋好友为祝贺新郎，可以随意开新郎的玩笑，搞恶作剧。

20. 闹房 nɔ^{51}faŋ^{34}：闹洞房。

21. 抓周 tsua^{55}tsəu^{51}：孩子一岁时抓一些喜欢的东西预示将来的职业。

22. 守岁 ʂəu^{55}sei^{51}：除夕晚上不睡觉。

23. 蒸灯 tsəŋ^{55}təŋ^{51}：正月十五元宵节家家蒸面灯。

24. 拉嘎拉哈 la^{55}ka^{53}la^{2}xa^{1}：孩子的一种游戏，“嘎拉哈”是满语，是猪腿的小骨头。

25. 马猴儿 ma^{213}xour^{34}：冬天保暖的帽子。
26. 狗宝 kou^{35}pau^{213}：一种植物的根茎，用来做咸菜。
27. 刺棘子 tsʰɿ^{52}tɕi^{213}tsɿ：类似幼年槐树的一种带刺植物。
28. 指甲花儿 tsʅ^{35}tɕia^{213}xuar^{51}：凤仙花。
29. 转莲 tʂuan^{51}lian^{34}：向日葵。
30. 疙瘩白 ka^{52}ta^{213}pai^{34}：卷心菜。
31. 苞米 pau^{52}mi^{213}：玉米。
32. 花大姐 xua^{52}ta^{52}tɕiə^{213}：瓢虫。
33. 马蛇子 ma^{213}sə^{34}tsɿ：蜥蜴。
34. 毛溜子 mau^{34}liu^{51}tsɿ：麻雀。
35. 猫腰 mau^{45}iau^{51}：弯腰。
36. 撂跤 liau^{52}tɕiau^{41}：摔跤。
37. 蛄蛹 ku^{35}yŋ^{213}：乱动弹。
38. 扔 ləŋ^{51}：扔。
39. 攮 naŋ^{34}：捅、刺。
40. 刮赤 kʰua^{213}tsʰɿ^{51}：占便宜。
41. 呔 tai^{213}：吃。
42. 尥蹶子 liau^{52}tɕyə^{213}tsɿ：牲畜发脾气。
43. 挂挂 kua^{52}kua^{41}：挂念。
44. 让服 iaŋ^{52}fu：谦让。
45. 舔白 tʰian^{213}pai^{51}：讨好别人。
46. 撒目 sa^{213}mu^{51}：四处张望。
47. 熥饭 tʰəŋ^{52}fã^{41}：蒸饭。
48. 大碴子 ta^{52}tsʰa^{31}tsɿ：磨得比较粗的玉米粒。
49. 小碴子 ɕiau^{213}tsʰa^{34}tsɿ：磨得比较细的玉米粒。
50. 豆饽饽 tou^{52}po^{52}po^{41}：豆包。
51. 二米饭 ɚ^{51}mi^{213}fan^{51}：大小米掺和在一起蒸的米饭。
52. 猴筋儿 xou^{34}tɕiər^{51}：皮筋。
53. 玻璃瓦瓷 po^{52}li^{213}ua^{213}tsʰɿ^{34}：玻璃碎片。
54. 蒜臼子 suan^{52}tɕiou^{41}tsɿ：捣蒜的专用工具。
55. 釜台眼 fu^{34}tʰai^{23}ian^{213}：烟囱。
56. 水鳖子 ʂuei^{213}piə^{52}tsɿ：热水袋。
57. 园障子 yan^{52}tʂaŋ^{41}tsɿ：篱笆。
58. 看对象 kʰã^{52}tuei^{52}ɕiaŋ^{41}：相亲。

59. 全活人 $\text{tɕyã}^{44}\text{xuə}^{34}\text{in}^{34}$：送亲的女性应为直系亲属齐全的有福之人。

60. 揣孩子 $\text{tʂʰuai}^{52}\text{xai}^{213}\text{tsɿ}$：怀孕。

（2）村庄地名词语

大连村庄地名多数由“专名+通名”构成，专名往往与姓氏、村庄的地理位置、自然环境或早期的谋生方式有关，能体现出村落的历史变迁，比如张家、范屯、蔡家沟等村庄名中的专名体现的就是早期村名的姓氏，“旗屯”这样的地名中可以看出与满族八旗制度的关系；通名则更能体现出大连方言的特色，在大连的自然村名中以屯、家、店、沟为通名的村庄名居多，与山东半岛的村庄通名相同，比如朱营、谢家、张屯，还有部分通名与山东一带自然村庄命名不同，比如以“窝”“窝棚”“营”为通名的村落可能与当时的移民背景有关，以“堆子”“坨子”“泡”“甸”为通名的村庄与东北方言词语更接近，在大连还有不少村落以“炉”为通名，比如吴炉、李炉，在东北一带较为常见。自然村落命名中可以看出大连方言词汇同时受到胶辽官话和东北官话的影响。村庄地名列举如下：

营：徐营、朱营、达营、北营。

家：张家、冷家、沈家、蔡家、黄家、徐家、侯家、孔家、盛家、四家、谢家、倪家、平家、夏家、吕家、丁家、姚家、柳家。

屯：张屯、赛屯、高屯、杨屯、衣屯、大于屯、范屯、陶屯、红旗屯、黄旗屯。

窝铺：南窝铺、老窝铺、前窝铺、后窝铺、彭家窝铺。

坨子：长坨子、井坨子、小坨子、马坨子。

堆子：青堆子、黄堆子。

沟：东沟、庙沟、西南沟、羊圈沟、刘家沟、蔡家沟、苇子沟、蛤蟆沟。

店：普兰店、瓦房店、舒店、王店、盖店、杨店、阎店、张店。

泡：小尖泡、李泡子、莲花泡、谷泡、西泡子、小泡子、大泡子。

窝：银窝、貔子窝、瓦窝。

埝：陈老婆埝。

房：栗子房、于粉房、高房、磨石房、瓦房、杨树房、榆树房、楼房。

甸：宽甸、南甸、永甸、长甸。

炉：吴炉、张炉、李炉、董华炉、马炉、申炉、肖炉、孙炉、大炉、小炉。

3.2 接触背景下大连方言的共时变异

大连方言是辽东半岛胶辽官话登连片的代表，几十年间在东北官话的影响下不断发生变化，方言特征的变化体现在不同年龄层次的发音人和市区、郊区的地域差异中。

“利用年龄层分布对语言变化所进行的共时研究为显象时间研究。”① 本节对大连方言市区不同年龄发音人的读音进行对比研究，以考察方言在东北官话和普通话影响下发生的变异。调查在 2017 年 5 月、2020 年 10 月和 2021 年 12 月分三次进行。在 2017 年 5 月的调查中，采用数字录音笔、笔记本电脑进行了录音，主要进行语音特征的考察，声调部分用 Praat 5.2 做了实验分析，调查表见附录 3。

我们在 2020 年和 2021 年分别对语音进行了补充调查，此外，于 2021 年对新、老派方言词汇的留存率进行了对比调查，并通过问卷星考察了多位发音人的语言态度。

3.2.1 大连方言语音特征的年龄差异调查

如前所述，大连方言语音方面的主要特色为清入声大部分归入上声、次浊平声无规律归入阴平和阳平、声调的读法、“知庄章”声母的读法、“蟹止山臻”四摄合口呼没有“u”介音等。

上述语音特征都是胶辽官话登连片方言的典型特征，其中，清入声的归派和次浊平声字部分归入阴平的读法也是东北官话的特征，我们选取声调的读法、“知庄章”声母的读法和“蟹止山臻”合口呼没有“u”介音这三项与东北官话存在差异的三个特征作为年龄差异的调查变项开展调查。

语音特征年龄差异的调查共 8 位发音人，包括 4 位 60 岁以上的老年发音人，两位 40~55 岁的中年发音人和两位 30 岁以下的青年发音人。4 位老年人中有 1 位 87 岁、1 位 78 岁，这两位发音人年龄太大，受身体状况影响只调查了声调部分，其余两位老年发音人年龄在 65~60 岁，参与了全部调查。

---

① William Labov, *Sociolinguistic Patterns*, Philadelphia: University of Pennsylvania Press, 1972, p. 275.

3.2.1.1 “知庄章”声母的读法

钱曾怡（2010）指出大连方言的“知庄章”声母字以韵母的等呼为条件分为两类。其中，中古“知彻澄”开口二等字、合口三等字，庄组全部字，章组开口三等止摄字、合口三等遇摄字为一类；中古知组开口三等字、合口三等遇摄字，章组开口三等字、合口三等遇摄字为另一类。

这种“知庄章”声母二分的读音类型在胶辽官话中较为普遍，不同的方言点只是具体音值有差别，但在东北官话中“知庄章”声母字只有一种读法。大连方言的这一特点使其明显有别于周边方言。

我们选取“知庄章”声母的35个常用字以及包含这些字的35个词语进行调查。这35个常用字和词语分别为：茶（茶叶）、查（检查）、站（车站）、追（追人）、巢（鸟巢）、愁（发愁）、山（大山）、皱（皱纹）、转（转圈）、船（小船）、专（专门）、师（老师）、尸（尸体）、齿（牙齿）、充（充满）、中（中间）、众（群众）、虫（虫子）、枝（树枝）、珍（珍珠）、真（真话）、质（质量）、知（知道）、池（池塘）、翅（翅膀）、直（直线）、升（上升）、正（正常）、侦（侦察）、招（招呼）、占（占用）、梢（树梢）、烧（烧火）、抽（抽水）、橙（橙子）。其中中古“知彻澄开口二等字、合口三等字，庄组全部字，章组开口三等止摄字、合口三等遇摄字”为A组，有17个字、词，中古“知组开口三等字、合口三等遇摄字，章组开口三等字、合口三等遇摄字”为B组，有18个字、词，针对不同年龄发音人进行调查分析。

从调查结果看，老年人“知庄章”保持二分，其中调查表中A组字大部分读［ts、tsʰ、s］，B组字基本读［tʂ、tʂʰ、ʂ］。老年人调查中存在人际差异，其中第1位发音人65岁，基本按照韵母等呼分别读［ts、tʂ］；发音人2在A组的调查字中有8个字读为tʂ类，比如巢$_{\text{效开二肴崇}}$、愁$_{\text{流开三尤崇}}$、山$_{\text{山开二山生}}$，也有部分属于B组的字读为ts类音，比如翅$_{\text{蟹开三祭禅}}$、正$_{\text{梗开三清章}}$，显示出A组和B组两类字已有混同的趋势。

40~55岁的中年人“知庄章”仍有两类读法，ts组和tʂ组混淆的字比例更高，而且形成了ts<tʂ变化的趋势，其中两位发音人的A类字中有67%读为tʂ类音，B类字中则只有3%的字读为ts类音。

30岁以下青年人的发音则显示A、B组字的混同已基本完成，只有个别字在发音人5的词语调查中还有区别，两位发音人A组调查字中只有9%的字读ts类音，B组所有的调查字都读tʂ类音。

老、中、青三个年龄阶段“知庄章”的读音出现由分立到合并的变异过程，发生了音系的简化，变异经过了无序混同→ts 类音向 tʂ类音变化→ts 类音与 tʂ类音合并三个阶段。变异在 60 岁左右的老年发音人中就已开始，在 30 岁以下的青年人中基本完成。不同年龄阶段“知庄章”读法的调查结果见表 3-4：

表 3-4 “知庄章”声母的读法

音韵地位	类别	例字	60~70 岁		40~55 岁		30 岁以下	
			发音人 1	发音人 2	发音人 3	发音人 4	发音人 5	发音人 6
假开二麻澄	A	茶	tsʰ	tsʰ	tsʰ	tʂʰ	tʂʰ	tʂʰ
假开二麻庄	A	查	tsʰ	tsʰ	tsʰ	tʂʰ	tʂʰ	tʂʰ
咸开二咸知	A	站	tʂ	ts	tʂ	ts	ts	tʂ
止合三脂知	A	追	ts	tʂ	ts	ts	tʂ	tʂ
效开二肴崇	A	巢	tsʰ	tʂʰ	tʂʰ	tʂʰ	tʂʰ	tʂʰ
流开三尤崇	A	愁	tsʰ	tʂʰ	tsʰ	tsʰ	tʂʰ	tʂʰ
山开二山生	A	山	s	ʂ	s	ʂ	ʂ	ʂ
流开三尤庄	A	皱	ts	tʂ	tʂ	tʂ	tʂ	tʂ
山合三线知	A	转	ts	ts	tʂ	tʂ	tʂ	tʂ
山合三仙船	A	船	tsʰ	tsʰ	tsʰ	tsʰ	tsʰ	tʂʰ
山合三仙章	A	专	ts	ts	tʂ	tʂ	tʂ	tʂ
止开三脂生	A	师	ʂ	s	ʂ	ʂ	ʂ	ʂ
止开三脂书	A	尸	s	s	ʂ	ʂ	ʂ	ʂ
止开三止昌	A	齿	tʂʰ	tsʰ	tʂʰ	tʂʰ	tʂʰ	tʂʰ
通合三东昌	A	充	tsʰ	tsʰ	tsʰ	tʂʰ	tʂʰ	tʂʰ
通合三东知	A	中	ts	tʂ	ts	ts	tʂ	tʂ
通合三送章	A	众	ts	tʂ	ts	ts	tʂ	tʂ
通合三东澄	A	虫	tsʰ	tʂʰ	tʂʰ	tʂʰ	tʂʰ	tʂʰ
止开三支章	A	枝	ts	ts	tʂ	tʂ	tʂ	tʂ
臻开三真知	B	珍	tʂ	ts	tʂ	tʂ	ts	tʂ
臻开三真章	B	真	tʂ	ts	tʂ	tʂ	tʂ	tʂ
臻开三质章	B	质	tʂ	tʂ	tʂ	tʂ	tʂ	tʂ

续表

音韵地位	类别	例字	60~70 岁		40~55 岁		30 岁以下	
			发音人 1	发音人 2	发音人 3	发音人 4	发音人 5	发音人 6
止开三支知	B	知	tʂ	tʂ	tʂ	tʂ	tʂ	tʂ
止开三支澄	B	池	tʂ^h	tʂ^h	tʂ^h	tʂ^h	tʂ^h	tʂ^h
蟹开三祭禅	B	翅	ts^h	ts^h	ts^h	tʂ^h	tʂ^h	tʂ^h
曾开三职澄	B	直	tʂ	tʂ	tʂ	tʂ	tʂ	tʂ
曾开三蒸书	B	升	ʂ	ʂ	ʂ	ʂ	ʂ	ʂ
梗开三清章	B	正	tʂ	ts	tʂ	tʂ	tʂ	tʂ
梗开三清彻	B	侦	tʂ	ts	tʂ	tʂ	tʂ	tʂ
效开三宵章	B	招	tʂ	tʂ	tʂ	tʂ	tʂ	tʂ
咸开三盐章	B	占	tʂ^h	ts	tʂ	tʂ	tʂ	tʂ
深开三侵澄	B	梢	s	s	s	ʂ	ʂ	ʂ
效开三宵书	B	烧	ʂ	s	ʂ	ʂ	ʂ	ʂ
流开三尤彻	B	抽	tʂ^h	tʂ^h	tʂ^h	tʂ^h	tʂ^h	tʂ^h
曾开三蒸澄	B	橙	ts^h	ts^h	tʂ^h	tʂ^h	tʂ^h	tʂ^h

3.2.1.2　“蟹止山臻”四摄“u”介音的读法

中古“蟹止山臻”四摄合口端系字包括四摄、9 个小韵中的 89 个字，在胶辽官话各方言点中这些字是否有“u”介音存在差异。如前所述，胶辽官话各方言点根据上述字“u”介音存留情况的不同可以分为“u”介音全保留型、“u”介音部分保留型和“u”介音全丢失型三种。

据已有资料记载，大连方言属于全丢失型，但“在大连、丹东市区和通化县，年轻人和有较高文化水平的人（新派）已经逐步开始带［u］介音了”①。高玉娟（2005）的调查发现，虽然大连市区方言发生了较快的变化，但是所调查的 100 位市区发音人还是有不少人保留了大连方言韵母的特点，“舌尖前音 ts、ts^h、s 和舌尖中音 t、t^h、n、l 与合口呼 uei、uan、uen 相拼时的字，在发音时丢掉了 u 介音”②。

① 罗福腾：《胶辽官话研究》，山东大学博士学位论文，1998 年，第 107 页。

② 高玉娟：《大连方言五项语音变化的社会语言学分析》，《南开语言学刊》2005 年第 1 期。

“蟹止山臻”四摄“u”介音的丢失是大连方言韵母的鲜明特点，但是学者调查分析结果的不同也反映出这种语音特点正处于变化中。本节以“蟹止山臻”四摄“u”介音的读法作为调查变项，选取“端”组、“精”组、“泥来”母的常用字，对不同年龄阶段发音人的读法进行调查和对比。

与声母变项的调查相同，韵母变项的调查也由6位发音人全程参与调查，调查人信息不再赘述。

我们调查了6位发音人“蟹止山臻”四摄“u”介音的读法，见表3-5，从表中可以看出他们都不同程度地出现了变异，“蟹止山臻”四摄“u”介音的读法在大连市区老人中已形成人际变异，而且有的发音人字和词的读法不一致，存在自由变读的情况。

其中第1位老年男性发音人有75%的调查字没有“u”介音，第2位发音人年龄也在60岁以上，但有近45%的字有“u”介音，体现出在60岁以上的老年人中就有明显的人际差异；40岁到55岁之间的中年人变异非常明显，有超过一半的调查字有“u”介音。从“精”组、“端”组和“泥来”母三组字的比例看，中年人只有“泥来”母字没有“u”介音的比例较高，“精”组字和“端”组字则更多地出现了“u”介音；30岁以下青年人则仅有10%左右的字没有“u”介音，其他字基本都增生了“u”介音。

调查结果见表3-5：

表3-5 “蟹止山臻”四摄“u”介音的读法

声母	调查例字	60~70岁 有无“u”介音		40~55岁 有无“u”介音		30岁以下 有无“u”介音	
		发音人1	发音人2	发音人3	发音人4	发音人5	发音人6
端组	堆	无	无	无	无	有	有
	腿	无	无	有	有	有	有
	对	有	有	有	有	无	有
	端	有	有	有	有	有	有
	脱	无	有	有	有	有	有
	团	有	有	有	有	有	有
	顿	无	无	无	有	有	有
	吞	无	无	无	有	有	有

续表

声母	调查例字	60～70 岁 有无“u”介音		40～55 岁 有无“u”介音		30 岁以下 有无“u”介音	
		发音人 1	发音人 2	发音人 3	发音人 4	发音人 5	发音人 6
泥来母	内	无	无	无	无	无	无
	雷	无	无	无	无	无	无
	累	无	无	无	无	无	无
	乱	无	无	无	无	有	无
	暖	无	无	有	无	有	有
	卵	无	有	有	有	有	有
精组	嘴	无	有	无	有	无	有
	钻	无	无	有	有	有	有
	尊	无	无	无	有	有	有
	窜	无	有	有	有	有	有
	虽	有	有	无	有	有	有
	随	有	有	有	有	有	有
	罪	有	有	有	有	有	有
	酸	无	无	无	无	无	有
	岁	无	有	无	无	有	无
	孙	无	无	无	无	有	有

3.2.1.3　声调格局的变化

大连方言声调的调查描写已有不少研究成果，宋学较早记录了大连方言声调状况“有阴平、阳平、上声、去声四个调类；古入声的清声母字今多读上声”①，贺巍在《东北官话方言的分区》（《方言》1986 年第 3 期）、刘虹在《语言态度对语言使用和语言变化的影响》（《语言研究》1993 年第 3 期）的记录中都指出大连方言有四个单字调，但高玉娟在《大连方言声调研究》（辽宁师范大学出版社 2007 年版）、刘丽丽《大连方言语音的过渡性特征》（《语言研究》2020 年第 3 期）的研究中则指出大连方言只有平声、上声、去声三个调类，并且高玉娟的研究发现老派有四个单字调，新派阴平和去声合并为一

① 宋学：《辽宁语音说略》，《中国语文》1963 年第 2 期。

个声调，刘丽丽的调查则发现普兰店、金州一带大连郊区的发音人阳平调与去声合并，只有三个单字调，大连市区、瓦房店等地仍为四个单字调。

上述调查结果显示不同的学者关于大连声调的描写存在一定分歧，可能与调查时间有关，宋学（1963）、贺巍（1986）、刘虹（1993）的调查时间较早，记录的是早期大连方言的声调面貌，也与调查地点的选择有关，刘丽丽（2020）调查了大连不同区域的14个方言点，其他学者一般选择大连市区进行调查。

大连方言已有的声调描写见表3-6：

表3-6 大连方言声调记录

调类	阴平	阳平	上声	去声
调值（宋学，1963）	312	34	213	53
调值（贺巍，1986）	312	35	213	53
调值（刘虹，1993）	312	34	213	53
调值（高玉娟，2006）	411	344	213	51
	51	24	213	51
调值（刘丽丽，2020）	312	445	213	53

从表3-6可以看出，不同学者的声调描写中比较一致的是上声调和去声调，差别较大的是阴平调和阳平调。我们对不同年龄段的多位发音人的单字调和两字组连调进行了调查，并用Praat软件做了语音分析，以考察大连方言的变化，并与前辈学者的调查结果进行对比。(声调调查表见附录3)

单字调分为阴平、阳平、上声、去声四个调类，各选取10个常用字，共选取了40个字进行调查；两字组按照阴平、阳平、上声、去声四个调类共16种声调组合设计字表，每组选取6个常用词、共96个词语进行两字组的调查。

语音实验在语音标注的基础上采用Praat 5.2汉化版（贝先明、向柠，2021）提取每个音节元音部分的基频，每个音节的声调提取9个测量点的数据，每位发音人每个目标项朗读两次，共得到8位发音人3996个样本、39960个测量点的基频数据量，对基频进行归一化，我们采用石锋（《天津方言双字组声调分析》,《语言研究》1986年第1期）的方法，将基频值先转化为半音值（semi tone），再转为T值，具体公式为：

$$T=[(lgx-lgb)/(lga-lgb)]\times 5$$

其中 a 为调域的上限，b 为调域的下限，x 为测量点的基频。T 值可以转化为对应的 5 度值。

从调查结果看，8 位发音人中，发音人 1 有四个单字调，其余发音人都是三个单字调。

发音人 1 是一位 87 岁的老人，四个声调的 T 值数据见表 3-7，转化为对应的 5 度值后四个声调分别为：阴平 412、阳平 343、上声 213、去声 53。其中阴平和上声的曲折调，阳平是拱调，从实验结果看，这位老年人的单字调读法与宋学（1963）的记录比较接近，见表 3-7：

表 3-7　发音人 1 的 T 值表

声调	测量点 1	测量点 2	测量点 3	测量点 4	测量点 5	测量点 6	测量点 7	测量点 8	测量点 9
阴平	3.9460	3.7796	3.3847	2.4811	2.0271	0	1.2953	1.5009	1.8933
阳平	2.8266	2.8371	2.8656	3.0649	3.3762	3.4271	3.2897	2.9332	2.8559
上声	2.2221	2.8233	2.4379	2.2227	2.0031	3.3281	3.8035	3.2634	3.5079
去声	5	4.9263	4.8207	4.6408	4.4608	4.1654	3.7871	3.4126	3.0231

这位老年发音人的阴平调和上声调都是曲折调，阴平调有比较明显的“嘎咧”声，阴平的语图见图 3-1：

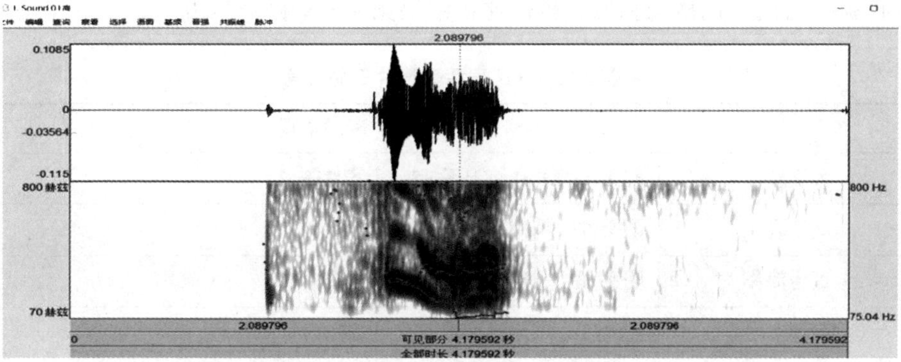

图 3-1　大连市区老年人阴平调语图

其余的 7 位发音人都是三个单字调，但不同年龄阶段的发音人声调读法有差异，我们对 8 位发音人的单字调进行实验分析并将其 T 值转换为 5 度值，对比不同发音人声调的读法，详见表 3-8：

表 3-8　大连不同年龄阶段发音人单字调

	年龄	阴平	阳平	上声	去声
发音人 1	87	412	343	213	53
发音人 2	78	41	34	213	53
发音人 3	66	53	34	213	53
发音人 4	65	53	34	213	53
发音人 5	45	53	34	213	53
发音人 6	40	53	35	213	53
发音人 7	28	51	35	213	51
发音人 8	25	51	35	213	51

8 位发音人的单字调在调类、调值上都发生了变化，除 87 岁的老年人阴平和去声未合并，是独立的声调外，其他发音人都是三个单字调，形成“一升、一降、一曲折”的声调格局，调查结果与高玉娟（2006）相近，大连三调的声调格局与山东半岛登连片各点相似，如威海、招远、平度、烟台等地都是三调方言，在登连片也有部分四调方言，大连老派方言的声调格局则与登连片四调方言的声调格局相似。具体比较结果见表 3-9 和表 3-10：

表 3-9　胶辽官话登连片三调方言

	声调格局
大连新派	阴平/去声 51，阳平 35，上声 213
威海乳山	阴平 53，阳平/去声 44，上声 213
烟台海阳	阴平 53，阳平/去声 33，上声 213
烟台芝罘区	阴平 31，阳平/去声 55，上声 214
威海荣成靖海卫	阴平/阳平 53，上声 214，去声 44
烟台招远	阴平 214，阳平/去声 42，上声 55

表 3-10　胶辽官话登连片四调方言

	声调格局
大连老派	阴平 412，阳平 343，上声 213，去声 53
蓬莱长岛	阴平 313/31，阳平 55，上声 213，去声 42
烟台蓬莱区	阴平 313，阳平 55，上声 214，去声 42
荣成崖头	阴平 42，阳平 35，上声 214，去声 44
烟台牟平区	阴平 53，阳平 35，上声 213，去声 33

由表 3-9 和表 3-10 可知，在胶辽官话登连片方言的声调由四调到三调的简化和合并具有一定的区域性，三调方言的单字调格局多具有曲、降、平的特点。此外，从不同时代学者的记音也可以看出，有些 20 世纪六七十年代早期记录为四调的方言在 20 世纪八九十年代的语音描写中发生了变化，变为三调方言，这都反映出声调在这一区域方言中发生的历时变化。

大连方言不同年龄阶段发音人声调的对比则能从一个点内部声调的微观变化中看到四调到三调的合并过程。其中，阴平调发生了由 412>42>53 的变化，由一个曲折调变为降调，逐步与去声合并，阳平调则发生了由 34>35 的变化，从而使声调系统从调类和调型上都发生了简化。

我们认为大连方言中声调的合并与阴平、去声调型、调值相似有直接关系。同时，也受到声调系统内部的制约，老年人四调的声调格局由“两曲折、一拱、一降”构成，单字调之间的区别度低，阴平伴随明显的“嘎咧”音，四调合并为三调后调类简化，但声调之间的区别度提高了，形成“升、降、曲”的格局，三调之间形成了更为稳定的声调系统。

大连方言三调的声调格局在辽东半岛一带因其阴平高降的读法形成了鲜明的地域特色，有别于周边东北官话阴平高平的读法。同时，从老、中、青声调的对比中可以看出自 75 岁以下都是降、升、折的三调格局，声调系统较为稳定。

3.2.2　词汇今存率

本节在语音变异调查的基础上对大连方言新、老派词汇的差异进行对比分析。

一般来说，语音是方言中相对稳定的部分，词汇更容易发生变化，我们在对大连方言词汇进行传统调查的基础上，从词汇今存率的角度对其词汇的变化进行统计分析。词汇今存率是通过方言中新、老派的词汇对比看方言词汇保留的比率。

调查过程如下：首先对两位老派发音人进行词汇调查，调查中主要使用了史皓圆、顾黔、石汝杰的《汉语方言词汇调查手册》（中华书局 2006 年版）和游汝杰的《汉语方言学教程》（上海教育出版社 2004 年版）两本著作中的词汇调查条目，共整理出市区方言老派的 3348 个词。[①] 然后调查了 3 位新派发音人，新派发音人的年龄在 25～30 岁，在此基础上对新派和老派的方言词数量和用法进行对比，3 位新派发音人词汇说法不一致的地方以 2 位可以统一的为准，以分析市区方言词汇的变化。

从 27 类调查词的使用情况对比看，除了时间词、数词、介词、连词新派和老派使用的词汇相同外，其他调查词类新派都有不同程度的变化，其中变化较明显的是天文类词汇。

调查中 85 个老派使用的天文类词汇中，新派还在使用或知道词义的只有 65% 左右，有 30 个词汇新派调查人表示完全不用，比如老年人称“太阳”为“日头”，称“屋檐水冻成的冰柱子”为“冰溜子”，称“很重的冰块”为“冰坨子”，称“结冰”为“上冻”，称“冰雹”为“叭子”，称“风停了”为“风住了”等，它们已成为没有活力的词汇，天文类词汇新派的今存率只有 65%。此外，地理类词汇新派的今存率也比较低，只有 69%，同样有不少老派使用的词汇新派已经完全不用了，比如称“全是沙子的地”为“沙包地”，称“土地中的空地”为“场院”，称“山中间”为“山当间儿”，称“河边”为“河沿”等，这些词语在山东一带使用较为广泛，但大连新派发音人已不再使用这些词语。

词汇今存率较高的除了一些虚词词类外，表方位的词汇、人体相关的词汇、文教类词汇、红白喜事类词汇今存率都在 95% 以上，方位词、时间词、连词、介词等词类比较封闭，数量也比较少，新老派差异不大，是方言词汇中比较稳定的一些词汇，这也显示出在方言词汇变化消失的过程中，封闭性词汇的变化更为保守。

文教类词汇、红白喜事类词汇的今存率高，可能与地域文化有关，红白喜事类的习俗保留较好，这些相关的词汇在新老派中差异不大，比如称“提亲”为“提媒”，称“订婚”为“订亲”，以及婚礼中涉及的“好日子”“拜堂”“摆喜酒”“过门儿”“交杯酒”等词语都保留得较好。从总体看，新派 27 类词的总体今存率为 78%，方言中大部分词汇保留较好，部分词汇处于迅速的替换中，新派一般用普通话中相应的词汇替换老派的词汇。具体调查结果见表 3-11：

---

① 本书将所调查的 3348 个词中比较有特色的词整理为特色词汇表，详见附录 8。

表 3-11　大连市区方言新老派的词汇今存率

类别	数量	老派今存率	新派今存率
天文	85	100%	63%
地理	113	100%	69%
方位	117	100%	98%
亲属	237	100%	87%
人体	213	100%	85%
疾病	123	100%	80%
农业	72	100%	75%
工商	135	100%	80%
文教	142	100%	90%
红白喜事	69	100%	95%
房屋器物	245	100%	85%
食物	178	100%	89%
动作	328	100%	87%
动植物	419	100%	85%
感觉	71	100%	80%
时间、节令	146	100%	100%
性状	186	100%	90%
衣着	107	100%	80%
数词	38	100%	100%
量词	53	100%	95%
代词	59	100%	95%
副词	80	100%	94%
介词连词	28	100%	100%
助语叹	18	100%	100%
迷信	51	100%	80%
日常生活	158	100%	85%
总计	3348	100%	78%

3.2.3　大连方言语言态度的调查

在对大连方言语言特征的年龄变异进行调查的基础上，我们对大连市区年轻人的语言态度进行了多人次的调查，调查采用问卷星的形式，语言态度的调查问卷主要参考了高玉娟《大连方言声调研究》（辽宁师范大学出版社 2007 年版）中的问卷设计。

问卷共调查了 35 位本地年轻人，包括家庭域、交往域和教育域三个常用的语言使用域，对家庭生活中语言使用情况、个人日常交往和教学、学习中语言使用情况进行调查，同时对大连话、普通话和沈阳话的评价进行了调查。

3.2.3.1　大连方言的使用情况

不同场所的语言/方言使用情况见表 3-12：

表 3-12　家庭、学校和日常交流中大连话的使用情况

使用场合	总人数	经常使用		有时候使用		很少使用		不使用	
		人数	百分比	人数	百分比	人数	百分比	人数	百分比
在家里使用大连话	35	7	20%	14	40%	13	37%	1	3%
跟同学交流使用大连话	35	7	20%	14	40%	13	37%	1	3%
跟老师交流使用大连话	35	8	23%	5	14%	21	60%	1	3%
在商场、车站等场所使用大连话	35	14	40%	9	26%	6	17%	6	17%

调查结果显示，在家庭环境中，大连话的使用较为频繁，选择经常使用或有时候使用的受试占 60%，这反映出在大连本地年轻人的家庭生活域中，大连话的使用更占优势。在校园里普通话是年轻人的首选，与大连话或其他方言相比占明显优势，只有约 20% 的受试在校园中经常使用大连话，跟老师交流选择很少使用或基本不使用大连话的受试占 63%，跟同学交流选择很少使用或基本不使用大连话的比例占 40%，不少受试在校园中同时使用普通话和大连话，使用场合的差异跟课上还是课下有关。

我们对少数受试进行了访谈，受试表示在课上都使用普通话，下课以后特别是在寝室跟本地同学聊天时会使用大连话，感觉更自然、亲切。

从商场、车站等公共场所的语言使用调查看，大连话的使用范围很广，约66%的调查者在这些场所经常使用或有时候使用大连话。从家庭、学校和超市等不同环境下年轻人的语言/方言使用选择看，在比较正式的场所，大连话使用比例不高，但在非正式场所，比如在家里、在商场或同学之间日常聊天大连本地年轻人仍常常使用大连话。

据此判断大连方言在目前仍有较强的语言活力，但是在年轻人的生活中使用域开始缩小，随着普通话的进一步普及，也许方言的语域会继续缩小。

3.2.3.2　对大连话的评价

表3-13为调查人对大连话的评价，我们从亲切、好听、有用、有身份几个维度调查年轻人对大连话的态度。

表3-13　年轻人对大连话的评价

评价项	评价度	人数比例	评价项	评价度	人数比例
亲切	很亲切	24%	好听	很好听	18%
	比较亲切	35%		比较好听	32%
	一般	31%		一般	35%
	不亲切	10%		不好听	16%
有用	很有用	17%	有身份	很有身份	5%
	比较有用	31%		比较有身份	6%
	一般	30%		一般	23%
	没有用	23%		跟身份无关	65%

从几个维度的比较看，大连话在年轻人中的评价依次为：亲切>好听>有用>有身份，约59%的调查者认为大连话很亲切或比较亲切，约50%的调查者认为大连话很好听或比较好听，认为说大连话有身份的调查者比例很低，接近90%的调查人不认为说大连话能显示有身份。

我们在问卷调查的基础上也对少数调查者进行了访谈，调查人认为说大连话“亲切自然”，说普通话“有用好听”，而对沈阳话是否好听、亲切或有用的评价都一般。这从一个侧面反映出普通话与大连话在年轻人心中各有所长，普通话具有较高的显在声望，而大连话具有较高的潜在声望。同时，大连话较之东北其他地方的方言占有很大的优势，这可能与大连在辽宁地区经济地位和开放程度较高、城市形象较好有关。大连本地人有很强的归属感和自豪感，他们说大连话不会感觉“土”“别扭”，相反他们会觉得亲切自然。

高玉娟《大连方言声调研究》（辽宁师范大学出版社 2007 年版）对大连方言语言态度的调查反映出年轻人对大连话有较高的语言忠诚度，虽然我们的调查时间与高玉娟的调查已经隔了十几年，但调查结果仍高度一致，这也反映出大连年轻人对大连话有较高的认同感，本地人语言态度较为稳定。从大连方言的使用场所及调查者对它不同方面的评价看，虽然普通话和周边的东北话不断对大连话产生影响，但在年轻人心中仍有较高的声望，在日常生活和非正式场合使用频率都很高，保持着语言的活力，短时期内不会走向消失。

3.3 小结

本章对大连方言进行了静态描写，并重点对不同年龄人群的声调格局、“知庄章”声母读法、“蟹止山臻”四摄“u”介音读法和词汇存留率进行了对比，通过方言特点的年龄差异呈现大连方言在历时层面发生的微观变化，并结合当代年轻人的语言态度调查了解大连方言的活力，预测了方言的发展趋势。

由上述各方面的考察可知，大连方言语音系统在逐渐发生变化，声、韵、调不同步，其中“知庄章”二分、“蟹止山臻”四摄“u”介音丢失两种声母和韵母的语音特点在年轻人中已发生明显变化，声调读法则较为稳定；方言词汇处于替换和消变中，其中不同的词汇小类变化速度有明显差异，封闭性词类较为稳定；从语言态度的调查看，大连本地人有较高的语言忠诚度，普通话在本地的外显声望较高，大连方言则内隐声望较高，目前大连方言是一种较有活力的方言。

第四章　接触和融合——东港方言的变异

东港位于辽东半岛南部，它是伴随着近代以来胶东一带的多次移民而形成的胶辽官话的一个方言点。由于地处东北地区，长期以来东港方言不断受到东北官话的影响，其与山东地区的胶辽官话逐渐产生区别。不同年龄阶段的人群，他们的方言在语音、词汇和语法方面，不同程度地兼具胶辽官话和东北官话的特征，这一特点在东北一带胶辽官话各方言点中具有一定的代表性。东港地处边境，是近年来才发展起来的一个县级市，其方言变异研究对于胶辽两地语言扩散和语言变异的研究有独特的意义。

4.1　东港方言的特点和内部差异

4.1.1　东港的地理位置、历史沿革

东港是辽宁所辖的一个县级市，位于辽宁省东南部，东临鸭绿江，南濒黄海，东北与丹东相连，西北与凤城接壤，西部与庄河毗邻，东南与朝鲜隔海相望，总面积约 2445 平方千米，全市约 59 万人。东港市辖大东街道、新兴街道、新城街道 3 个街道，孤山镇、前阳镇、长安镇、十字街镇、长山镇、北井子镇、椅圈镇、黄土坎镇、马家店镇、龙王庙镇、小甸子镇、菩萨庙镇、黑沟镇、新农镇 14 个镇，合隆满族乡 1 个民族乡，共有 17 个社区、206 个行政村。

东港历史悠久，河网纵横，海运交通便利，有“北国江南”之称。东港地理位置和水利资源优越，唐朝时属于安东都护府，清代以来关内的汉民主要来自山东一带，他们自海路涌来，在东港地区垦荒生存。自清顺治年间开始招垦以来，关内汉民陆续迁入东港。据《东沟县志》，“清光绪二年（1876）安东

建县设志”①，大东沟以东至叆河一带始设置安东县，1937 年在安东县府所在地设置安东市，1965 年安东县改名为东沟县。1993 年 6 月 18 日，国务院批准撤销东沟县建立东港市，归丹东市辖。

4.1.2 东港方言特征

宋学（1963）最早提出东港话的方言区属问题，他将辽宁的东港、长海、庄河等划为一个区，这几个方言点都带有典型的胶辽官话的特征。贺巍（1986）将东港话归入胶辽官话登州片，张树铮（2007）进一步对胶辽官话分区进行了细化，根据东港方言的内部差异将东港方言分为两片，东港话分属于胶辽官话的登连片烟威小片和盖桓片。

在使用中，东港话、大连话等这些辽东半岛上跟胶东方言比较接近的土语群，通常还被称为辽东半岛方言（尚允川，1983）或辽南话（罗福腾，1998）。

东港话内部有明显差异，包括东港市在内的部分乡镇胶辽官话的特点很浓重，而北部接近丹东、凤城的几个乡镇，比如长安镇、龙王庙镇和小甸子镇等受东北官话的影响，胶辽官话的特点比较淡。

东港方言在语音、词汇、语法上都有一些鲜明的特点。我们以东港市区老派发音人的方言为代表介绍东港方言的特点。

4.1.2.1 语音特点

东港城区方言有 18 个声母（不包括零声母）、35 个韵母，三个声调。声韵调的情况如下：

（1）声母

东港方言声母有 18 个（不包括零声母）：

p 步部别	pʰ 坡怕盘		m 门墨泥	
f 飞符冯				
v 碗围危				
t 带到夺	tʰ 太同偷		n 南拿耐	l 来连扔
k 该贵干	kʰ 开葵看	x 喊海话		
tɕ 经节趾	tɕʰ 缺秋除	ɕ 像说书		
ʦ 增蒸祖	ʦʰ 粗醋倡	s 丝诗事		

① 许敬文主编：《东沟县志》，辽宁人民出版社 1996 年版，第 21 页。

东港老派声母系统中没有舌尖后音，普通话中读［tʂ］［tʂ^h］［ʂ］的字在东港话中分别读［ts］［ts^h］［s］和［tɕ］［tɕ^h］［ɕ］。

（2）韵母

东港方言韵母有35个：

ʅ 资支	i 第日	u 故木	y 雨虚
a 爬辣	ia 架夹	ua 花刮	
ə 色破	iə 接铁	uə 过落	yə 靴月
ɛ 白在		uɛ 怪帅	
ɔ 饱桃	iɔ 条校		
ei 倍妹		uei 贵桂	
ou 斗丑	iou 流修		
ɚ 儿耳			
ã 短胆	iã 间年	uã 关款	yã 元权
ən 根恨	iən 林心	uən 棍魂	yən 云群
aŋ 党桑	iaŋ 亮良	uaŋ 光黄	
əŋ 庚朋	iŋ 灵星	uŋ 东翁	yŋ 胸穷

（3）声调

东港方言声调有三个：阴平51，上声213，去声442，其中阳平与去声合并。东港方言的两字组连读变调主要是前字变调，变调时产生了两个新调：44和42。阴平51作为后字与其他声调组合时，前字都变为高平调44，去声442单念时是平降调，在去声+上声、去声+去声的组合中，前字变为高降调42，见表4-1：

表4-1　东港方言两字组非轻声连读变调

		后字		
		阴平51	上声213	去声442
前字	阴平51	44+51	51+213	51+442
	上声213	44+51	44+213	21+442
	去声442	44+51	42+213	42+31

老派语音主要特点如下：

第一，“知庄章”三组声母分别读［ts、tsʰ、s］和［tɕ、tɕʰ、ɕ］。

第二，不分尖团音。

第三，止摄以外的日母字读零声母或边音声母。

第四，“蟹止山臻”四摄的合口端母字没有“u”介音。

第五，东港方言的轻声音节比较多，轻声音节分为三类：第一类是声调弱化的轻声音节，这类轻声与普通话中的轻声音节相同，声调变得轻短；第二类不仅声调轻化，同时韵母弱化为央元音“ə”，比如鼻子、瓶子、椅子、孩子、桌子、土豆子、洋柿子等，“子”弱化为“tə”；第三类轻声音节声、韵、调整体弱化为一个零音节，在听感上只能感到前一个音节声调拖长，比如饺子、本子、堡子、扣子、儿子等。

4.1.2.2 东港方言的词汇特点

我们从方言特色词语、民俗词语和地名词语三方面来举例说明东港方言词汇的特点。

(1) 特色词语

东港方言的词汇中既有很多胶东方言中通行的词语，也有很多东北方言词汇，这些词汇融合在一起形成了东港方言的特色词语，举例如下：

夜儿 iər^{42}：昨天

夜儿下黑 iər^{42}ɕia^{42}xə：昨天晚上

过黑儿 kuə^{44}xər^{51}：今天晚上

才刚 tsʰɛ^{42}tɕiaŋ：刚才

泡子 pʰɔ^{42}tsʅ：湖

河岔子 xuə^{55}tsʰa^{42}tsʅ：河

河流子 xuə^{55}liu^{42}tsʅ：河

河沿 xuə^{42}iã：河边

河沟子 xuə^{55}kəu^{42}tsʅ：河沟

走道 tsəu^{21}tɔ^{442}：路

土包 tʰu^{44}pɔ^{51}：土丘

海青房 xɛ^{44}tɕʰiŋ^{51}faŋ^{442}：房屋

接壁 tsiə^{51}pei^{442}：邻居

拉杂 la^{51}tsa^{442}：考试最后一名的学生

老闷 lɔ^{44}mən^{51}：考试最后一名的学生

手盖 səu^{51}kɛ^{442}：手指甲

楼盖 ləu^{42}kɛ^{31}：楼顶

胳臂 kuə^{21}pei：胳膊

抬杠 tʰɛ^{42}kaŋ^{31}：吵嘴

捺 lɛ^{213}：挤出水来

择 tsei^{442}：用手把物体表面的灰尘抹掉

欱门 ɕiə^{44}mən^{51}：开门

咕烟 ku^{44}iã^{51}：吸烟

埢 tɕyã^{213}：踢

耍乎 sua^{213}xu：欺骗

锚 miɔ^{51}：用石头打人

哄送 xuŋ^{21}suŋ：劝告

狗样 kəu^{21}iaŋ：唆使

熥饭 təŋ^{51}vã^{442}：蒸饭

煳 xu^{51}：煮

虾穴子 ɕia^{51}ɕyə^{42}tsɿ：养鱼池

泡沿 pʰɔ^{44}iã^{51}：池塘边

坨子 tʰuə^{44}tsɿ：沙丘

炕柜 kʰaŋ^{42}kui^{31}：床上放衣服的柜子

炕琴 kʰaŋ^{42}tɕʰin^{31}：床上放衣服的柜子

屋弄 vu^{21}nuŋ：过道

尿盆子 niɔ^{44}pʰən^{42}tsɿ：尿盆

尿壶子 niɔ^{44}xu^{42}tsɿ：尿盆

茅石 mɔ^{51}sɿ：石头

棒子 paŋ^{51}tsɿ：棍子

铅笔蹭子 tɕʰiã^{51}pei^{213}tsʰəŋ^{42}tsɿ：橡皮

耳包 ɚ^{44}pɔ^{51}：耳罩

鲜面 ɕiã^{51}miã^{42}：味精

毛壳 mɔ^{51}kʰə^{442}：瓜子

海白菜 xɛ^{213}pei^{42}tsɛ^{31}：海带

梨糕 lei^{44}kɔ^{51}：冰糖葫芦

沙蚬子 sa^{51}ɕiã^{42}tsɿ：沙里的贝壳

小人蚬 ɕiɔ^{213}iən^{44}ɕiã^{51}：比较小的贝壳

卡乎 kʰa^{21}xu：土气

彪乎 piɔ^{51}xu：傻

吱吱冷 tsʅ^{44}tsʅləŋ^{213}：寒冷

吱吱好吃 tsʅ^{44}tsʅxɔ^{213}tɕʰi^{442}：好吃

仰壳 iaŋ^{213}kuə^{442}：很生气

起尸 tɕʰi^{21}sʅ：很吵闹

勒苦 lə^{51}kʰu^{213}：苦

稀甜 ɕi^{51}tʰiã^{442}：很甜

焦酸 ɕiɔ^{51}sã^{213}：很酸

斯辣 sʅ^{51}la^{442}：很辣

齁咸 xəu^{51}ɕiã^{442}：很咸

砬子 li^{42}tsʅ：比较高的山

隈子 vei^{51}tsʅ：山崖

坨子 tʰuə^{42}tsʅ：小山包

泡子 pʰɔ^{42}tsʅ：小水池

（2）民俗词语

东港方言的形成与清代以来大规模出现的胶东一带移民有密切的关系，东港的民俗可以反映出东港地区与胶东一带的关系。

从节日习俗和婚俗看，东港一带所通行的“农历二月二剃头，端午节吃鸡蛋，夏至吃面条，冬至吃饺子”等习俗与胶东一带完全相同。胶东一带有一个很有地域特色的节日称为“龙凤日”，正月二十五家家户户用彩纸或布头制成“龙尾”，挂在床头、灶台、儿童的领口等处以示吉利，东港一带农村也很重视龙凤日，有同样的风俗。

许敬文（1996）在《东沟县志》中介绍了东港地区的婚俗，其婚嫁的习俗与胶东农村相似，婚嫁要经过“说媒、看亲、过礼（换盅）、送日子、择吉、迎娶、喜宴、闹房”的过程。迎娶新娘时由儿女双全的“全福妇人”陪同，新娘不能直接踩着地进洞房，要在新娘脚下铺上席子，新娘踩在席子上，以“避地煞”，洞房的被褥下要放栗子、花生、大枣等干果，预示“早生贵子”，入洞房之后，双方的亲朋好友要闹洞房，闹得越厉害预示男女双方的婚后生活越红火。

东港在海边，渔民有些特殊的行为和语言禁忌，这些习俗与胶东沿海一带也很相似，比如渔民船上忌用“翻”“漏”“扣”等不吉利的词语。船帆的“帆”与“翻”谐音，升帆时只能说“掌篷”；修船时不能说“翻”过来，要说“划”过来；发现船漏水要说“好修了”；吃鱼要翻过来吃另一面时说“正过来”；吃饭时，不要把筷子横放在碗上，吃完饭，饭碗不要扣着。这些禁忌是因为渔民常年在外捕捞，风险较大，所以特别忌讳翻船、漏水等情况，在胶东沿海一带和东港渔民中都很流行。在东港和胶东沿海都有海神娘娘节和龙王节，海神娘娘节在每年正月十三，龙王的生日是农历六月十三，这两个节日很隆重，要燃放鞭炮，在海边祭拜，还要往海里扔猪头、馒头。

东港方言民俗词语列举如下：

掌篷 tsaŋ^{213}pʰəŋ^{51}：升帆。渔民船上忌“翻、扣、漏”等字眼及其谐音，船帆的帆说篷，掌篷就是升帆。

袄 ɔ^{213}：一年四季的衣服都叫“袄”。

靰鞡鞋 vu^{44}la^{51}ɕie：东港方言中有些词来自满语，满族冬天穿的大头棉鞋叫“靰鞡”。

馇子 tsʰa^{42}tsɿ：旧时玉米是居民的主食，将玉米碾碎，磨成面，磨得比较粗的玉米面叫“馇子”。

渣条 tsʰa^{51}tʰiɔ^{31}：类似面条，用玉米粉做成。

酸汤子 sã^{44}tʰaŋ^{51}tsɿ：用玉米做的面条，现在是东港一带的特色食品。

煎饼 tɕiã^{51}piŋ^{213}：二月二食用，类似煎饼果子，用荞麦面或白面做成。

八样干饭 pa^{51}iaŋ^{42}kã^{51}fã：腊八节时喝的粥，要放红枣、豆子等八种食品。

海青房 xɛ^{213}tɕʰiŋ^{44}vaŋ^{42}：旧时富裕人家用石头砌房，房顶毡大苇或青瓦，称“海青房”。

火炕 xuə^{213}kʰaŋ^{42}：用土坯或砖砌成的睡觉用的长方台，上面铺席，下面有孔道跟烟囱相通，冬天可烧火取暖。

看媳妇 kʰã^{42}ɕi^{44}fu：相亲。

送日子 suŋ^{442}i^{44}tsɿ：定亲以后男方去女方家送帖商定结婚的日期。

拜席 pɛ^{42}ɕi^{31}：结婚宴请时，新郎要向各桌的客人敬酒行礼，称为“拜席”。

全福妇人 tɕʰyã^{42}fu^{31}fu^{42}iən：儿女双全的妇女，一般新娘进门时由儿女双全的妇女陪同。

上头饺子 saŋ^{42}tʰou^{31}tɕiɔ^{21}tsɿ：婚礼时新娘要喂新郎吃饺子，寓意婚姻和美，称“上头饺子”。

坐福 tsuə^{42}fu：新娘新郎入洞房。

抓周 tsua^{44}tsəu^{51}：孩子一周岁时举行的一种仪式，摆上各种物品让孩子抓取，民间认为通过孩子抓取的东西可以看出孩子将来从事的职业。

长命丝 tsʰaŋ^{42}miŋ^{31}sɿ：端午节小孩腕部系五色丝线，称“长命丝”。

（3）地名词语

地名作为专有名词中比较特殊的一类，具有顽强的延续性和稳定性，是历史文化的化石，同时随着社会的变迁，它又在缓慢地发生着变化。地名可以反映出一个地方独特的历史文化背景。在东港方言中有大量以“屯、营子、窝棚、堡子”为通名的村庄，它们与军屯的历史有关，东港方言中村庄的通名主要是“屯、堡、营子、甸子、窝棚、坨子”等，举例如下：

堡（子）：村庄通名。东港一带历史上曾是屯兵驻扎之地，“堡”是最常见的村庄通名。比如李家堡、杨家堡、宋家堡、许家堡、张家堡、三炉堡、梁家堡、衣家堡等。

屯：村庄通名。比如官家屯、曲家屯、中心屯、金板屯、赵家屯、李家屯、王家屯、隋家屯、由家屯、小李家屯、大李家屯、西南屯等。

甸子：村庄通名。与军屯的历史有关。比如于家甸子、毕家甸子、栾家甸子、西甸子等。

营子：村庄通名。来自军屯的历史。比如前营子、后营子、前营子中、前营子东、后营子中、后营子西、后营子北等。

旗：村庄通名。清代时八旗兵在东港驻兵屯田，有些村庄至今以“旗”为村庄通名，比如大黄旗等。

窝棚：村庄通名。早期从山东等地迁徙来的移民生活艰苦，常住在简单的窝棚里，所以窝棚或石棚、棚成为很多村庄的通名。比如陶家窝棚、毕家窝棚、杨大窝棚、郭家窝棚、大郭家窝棚、张大窝棚、老窝棚、姜窝棚等。

坨子：小山丘，东港处于平原和丘陵之间，有些村庄在丘陵地带，“坨子”成为村庄的通名。比如东王家坨子、西王家坨子、后王家坨子、前赵家坨子、砺瓦叉坨子、祝家坨子等。

隈子：山崖。东港有些村庄处于山地之间，以“隈”为通名。比如南隈子、崔家隈子、赵家隈子、西隈子、东隈子、藏家隈子等。

岗：小山坡。处于地势较高地带的村庄常以“岗”为村庄通名，比如东岗、王家岗、长尾岗、石头岗、古坟岗、南岗、黄家岗、油坊岗、黄泥岗、郭家岗、三道岗等。

这些通名大部分与军屯或移民垦荒的历史有关，在专名中也可以看出东港一带与胶东地区的关系，比如东港有“山东头”“山东屯”等村庄，而东港的“张家堡、齐家堡、刘家屯、孙家店”等村庄在胶东一带也可发现。

4.1.2.3　东港方言的构词特点

东港方言的构词特点主要表现在附加式构词上。东港方言的词缀较多，特别是多音节词缀，这使东港方言生动形象，诙谐有趣。比如：

溜：溜软、溜尖、溜圆、溜满
精：精稀、精少、精光
稀：稀软、稀松、稀甜
血：血绿、血彪、血聪明、血卡
乔：乔腥、乔骚
焦：焦酸、焦黄、焦干、焦黏
巴：巴苦、巴丑、巴涩、巴冷
透：透俊、透亮
漂：漂白、漂轻
乎：卡乎、彪乎、惹乎、耍乎、喊乎、理乎
拉：划拉、扒拉
赤：刮赤、啃赤
郎叽：彪不郎叽、虎不郎叽、潮不郎叽、轻腚郎叽
溜秋：生古溜秋、疙瘩溜秋

除了词缀丰富以外，词汇化程度低、词汇层次新也是东港方言的特点。东港方言主要是伴随着近代以来胶东一带移民入关垦荒的历史形成的，是胶辽官话中比较年轻的方言，在方言词汇中也能体现出这一特点。东港方言中很多词汇使用具象的方式构词，词汇化程度比较低，方言词属于比较新的词汇层。比如："起尸"指环境嘈杂、吵闹，"仰壳"形容人很生气，"瓦沿"指女人额前的刘海，"棒槌"指人参，"八爪鱼"指章鱼，"海瓜子"指小蛤蜊，"光棍辫子"指红鱼，"兔巴"指女孩的小辫子，"铅笔蹭子"指橡皮，"小人蚬"指一种贝类，等等。人类对事物的认知具有从具象到抽象的特点，与普通话相比，东港方言比较年轻，方言词的构成方式也更为具象直接。

4.1.3　东港方言的内部差异

东港方言内部存在着一定的差异，包括东港市在内的大部分乡镇属于胶辽官话登连片，北部部分少数乡镇属于胶辽官话的盖桓片。我们以东港市区、菩萨庙镇、孤山镇、长安镇、合隆满族乡五地为代表对东港方言的内部差异进行比较。

语音特征的比较，见表 4-2：

表 4-2 语音特征的内部差异

代表字音	东港市区	菩萨庙镇	孤山镇	长安镇	合隆满族乡
站	$tsan^{442}$	$tsan^{442}$	$tsan^{442}$	$tṣan^{442}$	$tṣan^{442}$
猪	tsu^{442}	$tɕy^{442}$	$tɕy^{442}$	$tṣu^{442}$	$tṣu^{442}$
北	$pə^{213}$	$pə^{213}$	$pə^{213}$	$pə^{213}$	pei^{213}
河	$xə^{442}$	$xuə^{442}$	$xuə^{442}$	$xə^{442}$	$xə^{442}$
短	tan^{213}	tan^{213}	tan^{213}	tan^{213}	tan^{213}
肉	iou^{442}	iou^{442}	iou^{442}	iou^{442}	iou^{442}

特色词汇的比较，见表 4-3：

表 4-3 特色词汇的内部差异

词条	东港市区	菩萨庙镇	孤山镇	长安镇	合隆满族乡
吃饭	呔饭	呔饭	呔饭	呔饭	呔饭
馒头	馒头	饽饽	饽饽	馒头	馒头
烟囱	釜台	釜台	釜台	釜台	釜台
昨天	昨天	夜来	夜个	昨个	昨儿
吵嘴	抬杠	抬杠	抬杠	打吵子	打吵子
妻子	对象	老婆	老婆	老蒯	老蒯
雄猫	公猫	牙猫	牙猫	郎猫	郎猫
狼	黄皮子	黄皮子	黄皮子	脏三	脏三
娶媳妇	将媳妇	将媳妇	将媳妇	将媳妇	将媳妇
我	阿、我	阿、俺	阿、俺	我	我
父亲	爸	爹	爹	爸	爸爸

4.2 占据式移民和东港方言的形成

东港方言是在移民背景下形成发展的，其发展演变可以分为前、中、晚三个阶段。早期的东港方言是在“闯关东”的移民背景下，由登州府（现烟台一带）、莱州府（现莱州一带）、青州府（现潍坊、青州一带）三地胶东方言和土著语言的融合下形成的；中期的东港方言主要受到了东北官话的影响，与东北官话相互交融；现在的东港方言在东北官话和普通话的双重影响下，出现了新的演变趋势，方言处于快速的变异中。

从东港的历史发展过程看，早期东港移民主要来自“闯关东”的关内农民。东港历史上曾是少数民族聚居地。五代后唐时安东都护府属于渤海国，唐明宗年间契丹建辽，北宋年间女真族灭辽建金。明万历年间，后金首领努尔哈赤占领辽宁各地，为加强边境统治，采取“定边”政策，将沿海一带的居民全部内迁，境内人口稀少。据《东沟县志》（许敬文，1996），清顺治年间（1653），清政府颁布《辽东招民开垦令》，鼓励关内汉民到辽东北一带垦荒。在招垦政策下关内汉民陆续进入东港一带开垦，关内汉民主要来自山东，经海路而来。康熙年间（1687），清政府调拨大批八旗兵进驻辽东一带，成边屯田，人口逐渐增加，同时，有大批来自关内的灾民到县境内垦荒谋生。乾隆年间（1741），山东牟平、莱阳等地的难民将柞蚕放养技术传至东沟一带……道光年间（1846），山东灾民渡海到鸭绿江下游垦荒谋生，至咸丰年间人口大增。[①] 1928 年，东港人口接近 20 万，比光绪二年（1876）建制时人口增加了一倍多。这些增加的人口除了自然繁殖的以外，主要来自山东和河北地区的移民，其中又以山东移民为主。据奉天省警务处 1921 年统计，涌入县境内的移民达 366258 人。

从历史记载中可以看出，清代到民国期间关内的移民是东港县人口的重要来源，同时，从移民来源的记载中还可以看出，东沟地区从近代以来开始的大规模移民主要来自山东沿海一带，也有少部分移民来自河北。“‘闯关东’的山东人原籍主要是青州府、登州府和莱州府。他们多从海路在大连和营口登陆，先进入辽东半岛和辽河流域，再移植辽宁的东南部、东部和北满。”[②] 旧登州府（治蓬莱）和莱州府（治莱州），都属于胶辽官话的中心地区。移民对东港方言的形成产生了重要的影响。

清代以前东港地区主要是满族的聚居地，人口稀少，清代以来胶东移民成为东港地区人口的主要来源。这些移民到达东港后，以垦荒为主。如前所述，东港的村庄地名中有不少以“窝棚”“石棚”为通名的，可以看出早期移民的生活状态。他们到达新地后，往往先建立窝棚，以族居的方式生活。我们现在

① 参见许敬文主编：《东沟县志》，辽宁人民出版社 1996 年版，第 19~20 页。

② 游汝杰、邹嘉彦：《社会语言学教程》（第三版），复旦大学出版社 2016 年版，第 250 页。

看到的一些自然村，比如陶家窝棚、毕家窝棚、杨大窝棚、郭家窝棚、李家窝棚等，它们都以姓氏为专名，以窝棚为通名，反映出早期移民以宗族聚居的生活方式。这种占据式移民很容易保留原地的方言，使移民的语言融合原地的土著语言。

此外，东港还有一些村庄名记录了早期移民的来源，比如东港有个村庄叫“小文登”，据村史记载，建村之初村民多来自山东文登。来自胶东不同地区的移民到达东港后与当地的土话互相融合，产生了早期的东港方言。

游汝杰（2016）提出不同方言母语的移民聚居在一起互相混合可以形成一种新的通用语，这种通用语称为“柯因内语”（Koine）。“柯因”来自希腊语，柯因内语“是一种稳定的交际变体，是一些较为相似、可互相通话的地域方言与社会方言之间融合和趋同的产物。这种现象发生的背景是这些变体的说话人之间越来越多的互动和融合”①。柯因内语是方言混合、趋同的结果，其具有“缩减、简化”的特点，“缩减”指语言变体中具有标志性的功能范畴减少，“简化”要么表现规则性的加强，要么表现为标志性的减弱。②

东港方言是在自清代以来大规模开始的胶东地区移民的基础上形成的方言，来自胶东沿海各地的移民长期居住在一起，他们之间的方言与本地的土话相互融合，具有移民型柯因内语的特征。

4.3　接触背景下早期东港方言的混合

我们可以从东港老派方言的特征来看早期东港方言的状态，本节从语音特征、特色词汇和语法特征三方面进行分析。东港老派方言的语音特征与蓬莱、莱州（古登州府、莱州府）一带方言很接近，同时又兼有东北官话的特点，体现出混合型方言的特点。

4.3.1　音系的混合

东港方言语音特征与蓬莱方言、莱州方言、青州方言的比较，见表4-4：

---

① J. Siegel，“Koines and Koineization”，*Language in Society*，1985，Vol. 14，No. 3，pp. 357-378.

② 参见游汝杰、邹嘉彦：《社会语言学教程》（第三版），复旦大学出版社2016年版，第192页。

表 4-4 东港方言与移民迁出地语音的比较

语音特征	东港方言	蓬莱方言	莱州方言	青州方言
“知庄章”的声母	ts、tsʰ、s tɕ、tɕʰ、ɕ	ts、tsʰ、s tɕ、tɕʰ、ɕ	tʂ、tʂʰ、ʂ tʃ、tʃʰ、ʃ	tʂ、tʂʰ、ʂ tʃ、tʃʰ、ʃ
“肉”的声母	ǿ	ǿ	ǿ	l
尖、团音	tɕ、tɕʰ、ɕ	tɕ、tɕʰ、ɕ c、cʰ、ç	ts、tsʰ、s tɕ、tɕʰ、ɕ	tɕ、tɕʰ、ɕ
“哥”的韵母	ə	uo	uo	uo
“酸”的韵母	ã	ã	uã	uã
单字调	三个	四个	三个	四个
清入声的归派	大部分派入上声	大部分派入上声	大部分派入上声	大部分派入上声

从表 4-4 可以看出，在清入声的归派上，东港方言与蓬莱、莱州、青州方言一样，都是大部分清入声字派入上声，这是胶辽官话的重要特征。其他各项语音特征兼具蓬莱、莱州和青州方言的特点。比如古“知庄章”声母的读法和“蟹止山臻”四摄“端”系字的读法，与蓬莱方言相似；“肉”的声母是零声母，与蓬莱方言、莱州方言相同；不分尖、团音与青州方言相似；声调只有三个，与莱州方言相同。所以东港方言的音系融合了蓬莱、莱州和青州三地方言的特色，并且东港方言中具有胶辽官话特色的标志性语音特征，比上述三种方言都要少。

4. 3. 2 标记性语法特征的减少

比较句和反复问句是胶辽官话比较有特色的句式，我们将东港方言的比较句、反复问句与蓬莱方言、莱州方言、青州方言进行比较，见表 4-5：

表 4-5 东港方言与移民迁出地语法的比较

句式	东港方言	蓬莱方言	莱州方言	青州方言
他比我高	他比我高	他高起我	他高起我	他高起我 他比我高
一天比一天热	一天比一天热	一天热起一天	一天热起一天	一天热起一天 一天比一天热
你去不去？	你去不去？	你是不去？	你去不去？	你去啊吧？

从句式的比较可以看出胶辽官话语法的标记性特征在东港方言中大为减

少，东港方言语法特征与东北官话一致。

4.3.3 词汇表达的多元化

东港老派方言词汇表达上有多元化的特点，同一种事物往往有几种不同的说法，比如表 4-6：

表 4-6 东港方言与移民迁出地词汇的比较

词条	东港方言	蓬莱方言	莱州方言	青州方言
我	俺、阿、我	俺	俺	我、俺
昨天	昨儿、夜来	夜来	夜来	夜来
公猫	牙猫、郎猫	牙猫子	公猫	牙猫
火柴	洋火、出灯、火柴	出灯	洋火	洋火
厕所	便所、茅楼、别所、茅屎坑	茅房	茅房、栏	茅子
浪费	辜费、作索、败坏、糟残	作索	败坏	糟残
聊天	拉呱、唠嗑	拉呱	拉呱	拉呱
角落	旮旯、角股落、犄角旮旯	旮旯	旮旯	旮旯
胳膊	胳臂、胳膀、膀子	胳膊	胳膀	胳臂
馒头	饽饽、卷子、馒头	饽饽	馒馍	饽饽
女孩	闺嬣、小片子、小嫚儿	闺女儿	小嫚儿	闺女
土豆	地豆、地包、土豆	地蛋	土豆	地蛋

从表 4-6 词汇的比较可以看出，老派东港话中方言词往往有不止一种常用的说法，而蓬莱方言、莱州方言和青州方言中方言词汇一般只有一种比较常用的说法。东港方言词的几种不同说法部分来源于胶东方言，部分来源于东北官话或土话，像“昨天”，胶东方言中一般是“夜来”，“昨儿个”在东北方言中常见，东港方言中“夜来、昨儿”两种说法并存，“我”在胶东方言中一般用“俺”，新派用“我”，在东港话中除了上述两种说法外还有“阿”，以“阿”表第一人称在山东方言中很少见，我们认为可能是土话中的底层词。

从老派东港方言词汇、语法和语音的特征看，东港话带有浓厚胶东方言特征，同时又有自己的部分特点。我们认为早期的东港话是在移民基础上形成的混合方言，早期胶东一带移民到达东港后，以族居的方式聚居在当地垦荒，来自胶东各地的移民操着相似的方言，与当地土话相融合，逐渐形成了这种混合方言。

4.4　方言接触下的变异——胶辽官话、东北官话和普通话的融合

东港位于辽东半岛的北部，方言形成以后与周围地区的东北官话不断接触，同时，近几十年来，随着东港经济的发展和当地居民教育程度的提高，东港方言，特别是市区方言也受到了普通话的影响。

东港方言与东北官话和普通话的接触导致方言面貌的不断改变。语言接触成为方言变化的催化剂，现在东港方言语法变异不明显，语音、词汇都发生了明显的变异。本节对东港方言正在发生的语音和词汇的变异进行分析。

4.4.1　东港方言语音的社会分层变异

东港方言语音变异的调查包括声母、韵母、声调三部分，调查中用录音笔和笔记本电脑进行了录音，声调部分用 Praat 5.2（汉化版）进行了实验分析。语音的变异表现在"知庄章"声母的读法变异、入声韵母的变异和声调的变异三个方面。

我们采用随机抽样调查法和访谈法对东港方言语音进行调查，调查中注意了发音人的年龄和地域。对于老派方言，我们采用了读词表、字表和访谈法的方式，主要调查了市区和大孤山的三位老年发音人，他们分别是东港第二职业中学的门卫、东港中心医院的退休医生、大孤山小学的退休教师，这三位老年发音人都是男性，年龄都在 60 岁左右。对于新派方言，我们采用了抽样调查法，在东港第二职业高中进行了多人次的调查，共调查了来自市区和郊区各乡镇的 40 位学生，年龄在 18~20 岁。

4.4.1.1　东港方言声调的变异

关于东港方言的声调，已有不少记载，宋学（1963）在《辽宁语音说略》中指出东港方言只有平声、上声、去声三个调类，没有阳平调；《东沟县志》对东港方言进行了简单描述，"东沟方音声调缺第二声，只有一、三、四三个声调"①；潘晓东（2004）、麻晓芳（2007）在硕士学位论文中对东港方言的声调进行了细致描写，麻晓芳（2009）还对东港方言的单字调进行了实验分析。上述调查结果虽然在声调调值的描写上存在分歧，但都显示东港方言是三调方

① 许敬文主编：《东沟县志》，辽宁人民出版社 1996 年版，第 239 页。

言，其中阳平和去声合并为一个声调。已有的声调描写见表 4-7：

表 4-7 东港方言声调的记录

调类	阴平	上声	去声
调值（宋学，1963）	312	213	53
调值（《东沟县志》，1996）	312	213	52
调值（张世方，2000）	42	213	53
调值（潘晓东，2004）	312	213	42
调值（麻晓芳，2007）	51	213	441

我们在东港市区对声调进行了调查，对新、老派的声调进行了对比和实验分析，结果显示东港方言的声调格局正处于变化中。

老派的声调与张世方（2000）、麻晓芳（2007）的调查结果基本相同，有三个单字调：平声 51 东灯多高、上声 213 懂等火苦、去声 31 动阵钱糖，其中阳平和去声合并为一个调类。我们在调查中发现新派的声调与已有的研究有较大差别，新派的阳平调和清入声都存在变异，声调格局发生了变化，有四个单字调：阴平 51 东汤多高、阳平 35 铜糖房钱、上声 213 董等火苦、去声 41 动阵烫放。新、老派的声调对比见表 4-8：

表 4-8 东港方言新、老派声调对比

<table>
<tr><th colspan="3" rowspan="2"></th><th rowspan="2">例字</th><th colspan="2">今调</th></tr>
<tr><th>老派</th><th>新派</th></tr>
<tr><td rowspan="11">古调</td><td rowspan="4">平</td><td>清</td><td>高东</td><td rowspan="2">平声 51</td><td rowspan="2">阴平 51</td></tr>
<tr><td rowspan="2">次浊</td><td>拿</td></tr>
<tr><td>姨</td><td rowspan="2">去声 31</td><td rowspan="2">阳平 35</td></tr>
<tr><td>全浊平</td><td>唐平</td></tr>
<tr><td rowspan="3">上</td><td>清</td><td>椅好</td><td rowspan="2">上声 213</td><td rowspan="2">上声 213</td></tr>
<tr><td>次浊</td><td>女老</td></tr>
<tr><td>全浊</td><td>是厚</td><td rowspan="2">去声 31</td><td rowspan="2">去声 41</td></tr>
<tr><td>去</td><td></td><td>汉世共用</td></tr>
<tr><td rowspan="3">入</td><td>清</td><td>一黑</td><td>上声 213</td><td>上声 213</td></tr>
<tr><td>次浊</td><td>月六</td><td rowspan="2">去声 31</td><td rowspan="2">去声 31</td></tr>
<tr><td>全浊</td><td>合舌</td></tr>
</table>

在老派的声调系统中，古全浊平声和部分次浊平声与去声合并，发生了四调到三调的简化，而在新派的声调系统中全浊平声和部分次浊平声字变为高升调，衍生出了阳平调。为什么会出现这种现象？下面对新派阳平调的变异进行分析。

我们在 20 岁左右的东港市区学生中，对来源于全浊平声、次浊平声的 15 个常用字进行调查。调查字为铜、皮、糖、红、平、爬、图、题、田、床、扶、寒、麻、龙、牛。

我们在东港第二职业中学对 40 个年龄在 18~20 岁的学生进行调查，参与调查的学生男女比例基本平衡，约 1/4 来自市区，3/4 来自郊区。结果显示，大部分学生的全浊平声字读为高升调，接近普通话中的阳平调。调查结果见表 4-9：

表 4-9　新派阳平调的变异

地域	人数	性别	人数	90% 以上的字读为高升调		90%~70% 的字读为高升调		20% 以下的字读为高升调	
				人数	百分比	人数	百分比	人数	百分比
郊区	30	男	18	3	20%	6	30%	9	50%
		女	12	3	25%	6	50%	3	25%
市区	10	男	5	3	60%	2	40%	0	0
		女	5	4	80%	1	20%	0	0

市区学生阳平字读为高升调的比例更高，市区 5 个女生的阳平字基本都读高升调；郊区学生比例有所降低，特别是来自郊区的海洋红和孤山的学生阳平字基本读降调。我们可以用图 4-1 来表示市区和郊区学生之间的区别。

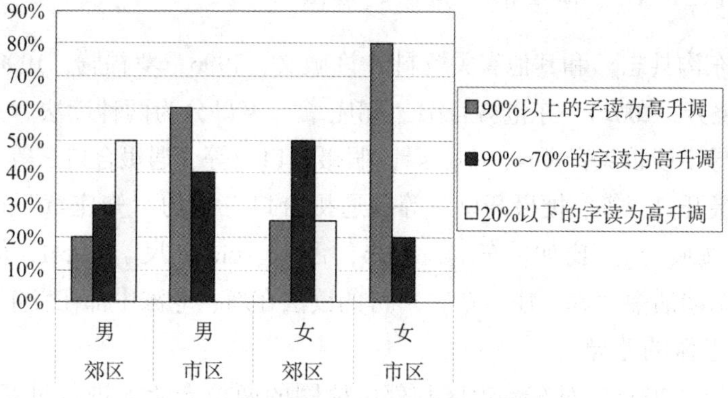

图 4-1　东港方言阳平调的读法

阳平调读高升调的读法显然是一种异质成分，是后起的现象。在我们的调查中，这种读法主要出现在市区新派发音人中，可能是因为受到了周边方言或普通话的影响。

我们将东港话新、老派的声调与普通话的声调进行对比，可以发现东港话的阴平是个高降调，和普通话相差较大。而读为降调的去声和读为曲折调的上声与普通话相似，这样去声和上声更容易保留原来的读法。那么为什么与普通话有明显差别的阴平没有发生变化，而是增生了一个阳平调呢？

我们再看东港话周边方言的声调。东港位于东北官话和胶辽官话的交界地带，除了受到普通话的影响外，也会受到周边东北官话的影响。东北官话的声调一般有四个，阳平、上声和去声都与普通话调型相似，只有阴平与普通话相差较大，是个降调，可以说阴平读降调是东北官话声调的一个特性。

我们认为，东港方言阳平调的增生可能受到了普通话和东北官话的共同影响，而阴平读降调作为东北官话和附近强势方言——大连话的一种共性，可能会长期得以保留。

东港方言的声调经历了从四调到三调，又从三调到四调的循环演变。其他方言中语言现象的循环演变也时有发生，比如在我们调查的莱芜方言中儿化韵经历了从卷舌韵到平舌韵，又从濒临消失的平舌韵到卷舌韵增生的变化。在很多方言中，鼻音尾丢失以后又有不少韵母增生出新的鼻音韵，似乎语言在发展演变的过程中常会出现“回头式演变”，但是两次演变的原因显然是不同的。从东港方言声调的循环演变看，我们认为东港方言声调从分到合的变化主要是一种自然演变，而从合到分的变化则是受到了外部因素的影响。

4.4.1.2 古“知庄章”声母的读法

据《东沟县志》和其他有关资料（许敬文，1996；罗福腾，1998；潘晓东，2004；麻晓芳，2007），东港方言中“知庄章”声母分为两种读法。大部分“知庄章”声母字读舌尖音［ts、tsʰ、s］，假摄开口三等、遇摄合口三等、止摄开口三等、山摄开口三等、梗摄开口三等及通摄合口三等的“知庄章”声母字读舌面音［tɕ、tɕʰ、ɕ］，比如：车$_{\text{假开三}}$ ꜀tɕʰiə，舌$_{\text{山开三}}$ ɕiə꜂，尺$_{\text{梗开三}}$ ꜂tɕʰi，但我们在调查中发现东港话中“知、庄、章”声母的读法在新、老派中都在发生变异。

（1）老派的差异

麻晓芳（2007）对东港市区和郊区椅圈的两位老年人进行过音系的调查，调查结果显示，市区老年人和郊区老年人“知庄章”声母的读法有差异。这种差异主要表现在郊区老派"知庄章"声母的假摄开口三等、遇摄合口三等、止摄开口三等、山摄开口三等、梗摄开口三等及通摄合口字读舌面音 tɕ、tɕʰ、ɕ 的比市区老派多。从麻晓芳（2007）的研究可知，"知庄章"的读法在东港市区老派已开始发生变化，但对这种变化是如何进行的、在新派发音人中有什么变化、变异与什么因素有关等问题并未进行研究。

我们根据《方言调查字表》，对市区老派"知庄章"声母字的读法进行了调查，调查结果与麻晓芳（2007）基本相符。在摸底调查的基础上对假开三、止开三、山开三、梗开三和遇合三以及通摄合口字进行了重点调查，并使用语料库在线查询比较了上述调查字的字频，发现其中高频字多读 tɕ，低频字多读 ts。调查结果见表 4-10：

表 4-10　老派"知庄章"的读法

韵摄	字	声母读音	频次
假开三	车	tɕʰ	0. 1193
	遮	ts	0. 0150
	蔗	ts	0. 0038
	赊	s	0. 0014
遇合三	猪	tɕ	0. 0720
	主	tɕ	0. 0834
	树	ɕ	0. 1130
	熟	ɕ	0. 0440
	数	ɕ	0. 2995
	书	ɕ	0. 2441
	锄	tsʰ	0. 0075
	暑	ɕ	0. 0032
	阻	ts	0. 210
	梳	ɕ	0. 0125
	储	tsʰ	0. 0073
	煮	tɕ	0. 194

续表

韵摄	字	声母读音	频次
止开三	知	tɕ	0. 0686
	吃	tɕʰ	0. 5376
	指	tɕ	0. 3682
	诗	s	0. 0752
	肢	ts	0. 0108
	枝	ts	0. 0716
山开三	说	ɕ	3. 7074
	拙	ts	0. 0040
	折	ts	0. 0376
梗开三	只	tɕ	0. 9854
	石	ɕ	0. 0856
通摄合口	叔	ɕ	0. 0203
	熟	ɕ	0. 0440
	束	ɕ	0. 0295
	祝	ts	0. 0122
	烛	ts	0. 0058

在麻晓芳（2007）的调查中，这些字东港郊区椅圈镇的老派都读舌面音，而我们的调查则显示市区老派“知庄章”声母的读法正在变异，读舌面音 Tɕ 组的字在减少，特别是低频字一般读 Ts 组舌尖音。

（2）新派的变异

我们对东港职业中学的 40 位本地学生进行了进一步的调查。在“假开三、止开三、山开三、梗开三和遇合三”以及“通摄合口”的“知庄章”声母字中选择了 18 个常用字进行调查，分别为车、社、初、猪、煮、知、纸、时、舌、说、石、出、叔、熟、束、适、尺、食。

年轻人“知庄章”声母字的读法出现了新的变化：一方面读舌面音的字正趋于消失，另一方面，还有一部分字由舌尖音或舌面音开始变为卷舌音［tʂ、tʂʰ、ʂ］。这种变化在不同的发音人口中表现不完全相同，特别在郊区和市区的学生中有所差异。见表 4-11：

表 4-11　新派“知庄章”代表字的变异

地域	人数	性别	人数	ts 组、tʂ组、tɕ 组		ts 组、tʂ组	
				人数	百分比	人数	百分比
郊区	30	男	18	16	88%	2	11%
		女	12	10	80%	2	20%
市区	10	男	5	1	20%	4	80%
		女	5	0	0	5	100%

从表 4-11 中可以看出，80% 的郊区学生声母分为 ts 组、tʂ组、tɕ 组三种读法，而 90% 的市区学生只有［ts、tsʰ、s］和［tʂ、tʂʰ、ʂ］两种读法，也许说明假开三、止开三、山开三、梗开三和遇合三以及通摄合口的“知庄章”声母字在新派中正在发生舌面音→舌尖前音→舌尖后音的变化。在市区新派中只有个别字保留着舌面音的读法，已经是一种濒临消失的读法。同时，从表中还可以看出，不管是市区还是郊区，女性语音的变化都比男性更快。

郊区的 30 个学生来自东港各乡镇，除来自长安、合隆两个乡镇的 4 个发音人外，其他人简表中的字声母的读法均可分为舌面音、舌尖音和卷舌音三类，此外，还有些字可以两读甚至三读，比如“出”可以读［tɕʰy、tsʰu、tʂʰu］。不同的发音以自由变读的形式存在反映出“知庄章”声母的变化在郊区正处于急剧的变化中，导致一字多读的自由变异较多。

从郊区学生的调查结果看，保留舌面音［tɕ、tɕʰ、ɕ］读法的字主要集中在“猪”“叔”“熟”“煮”几个合口韵字。开口韵字保留舌面音读法的比较少，在 26 位保留舌面音的学生中，有 20 位合口韵字中有［tɕ、tɕʰ、ɕ］的读法。这种情况也许反映出“知庄章”声母由 tɕ 到 ts/tʂ 变化的过程中，合口韵字更为保守。

（3）声母变异的原因和特点

“知庄章”声母在东北官话及普通话中只有一种读法，而在胶辽官话登连片中大部分方言“知庄章”声母有两种读法，东港方言老派的读法反映出胶辽官话的影响。我们可以对三地“知庄章”声母的读法进行简单的对比，见表 4-12：

表 4-12　东港方言“知庄章”声母读法与胶辽官话的对比

中古音		东港方言（老）	胶辽官话			东北官话	普通话
			烟台牟平	烟台蓬莱长岛	荣成	沈阳	
知组	开口二等	Ts 组	Ts 组	Ts 组	Tʂ组	Ts 组	Tʂ组
	开口三等	Ts 组	Tɕ 组	Tʃ 组	Tʃ 组	Ts 组	Tʂ组
	合口三（除遇摄）	Ts 组	Ts 组	Ts 组	Tʂ组	Ts 组	Tʂ组
	合口三（遇摄）	Tɕ 组/Ts 组	Tɕ 组	Tʃ 组	Tʃ 组	Ts 组	Tʂ组
庄组		Ts 组	Ts 组	Ts 组	Tʂ组	Ts 组	Tʂ组
章组	开三止摄	Ts 组	Ts 组	Ts 组	Tʂ组	Ts 组	Tʂ组
	开三除止摄	Tɕ 组/Ts 组	Tɕ 组	Tʃ 组	Tʃ 组	Ts 组	Tʂ组
	合三遇摄	Tɕ 组/Ts 组	Tɕ 组	Tʃ 组	Tʃ 组	Ts 组	Tʂ组
	合三除遇摄	Ts 组	Ts 组	Ts 组	Tʂ组	Ts 组	Tʂ组

从表 4-12 可以看出，东港方言“知庄章”声母老派分读两类的读法与胶辽官话登连片各点分类情况一致。东港方言与牟平型的音值最接近，这种情况反映出东港方言早期在山东移民的影响下带有明显的胶辽官话特点。

现在东港方言的声母正处于剧烈的变化中，这种变化由新派到老派、由市区到郊区发展，东港方言的声母逐渐向普通话靠拢。

从字音变化的过程看，变化从“知庄章”声母中最能代表方言特色的［tɕ、tɕʰ、ɕ］开始，并以词汇扩散的方式从低频词到高频词逐步扩散，最终实现［tɕ、tɕʰ、ɕ］→［tʂ、tʂʰ、ʂ］的变化。

变化可以分为几个不同的阶段。郊区老派可以代表变化的初始阶段，市区老派则反映出语音变化的第二个阶段，在这个阶段声母从［tɕ、tɕʰ、ɕ］→［ts、tsʰ、s］变化，跟东北官话更接近。东港处于胶辽官话的边缘，与周边的东北官话深度接触，在频繁的接触中，中、老年人的方言发生了变化，东港方言的声母与东北官话差异最明显的部分就体现在“知庄章”声母的读法上，这部分声母的读法开始向东北官话靠拢。

郊区新派的读音可代表变化的第三个阶段，声母经历了从［tɕ、tɕʰ、ɕ］→［ts、tsʰ、s］→［tʂ、tʂʰ、ʂ］变化。而市区新派的读音可以代表变化的第四个阶段，声母从［ts、tsʰ、s］→［tʂ、tʂʰ、ʂ］。

从变化的方向看，新派读音更接近普通话，新派和老派“知庄章”声母都在变异，但是变异的方向不同，老派主要受东北官话的影响，新派的发音更多地受到普通话的影响。

东港在辽宁省是个经济发展比较快的沿海城市，开放程度较高，而周边几个东北官话的城市经济地位不如东港。与邻近城市的东北官话相比，东港的年轻人更能接受普通话，所以新派东港话在东北官话和普通话的双重影响下，处于方言混合状态，在变异中声母的读法显得比较混乱，特别是郊区新派的读音中很多字处于自由变读状态。在不同的词语或不同的发音人口中，读法不同，目前这部分声母的读法正处于无序变异中，在普通话的强大影响下，这部分字的读法会从无序变异发展到有序变异。

[tʂ、tʂʰ、ʂ] 作为东港方言声母中的异质成分取代“知庄章”声母中的 [tɕ、tɕʰ、ɕ]，这种读法的变化，在东港方言中还没有完成。在这个变化过程中，我们可以看到东港本地方言在胶辽官话、东北官话、普通话的影响下，近几十年来正处于剧烈的变化中。

语音的变化既会受到内部因素的制约，也会受到外部因素的影响，东港方言中卷舌声母的借入并不符合音系经济性的原则，而且卷舌声母发音更费力。可以说这种变异主要是方言接触引发的，是在外部因素的影响下形成的。预计随着普通话的进一步普及，声母的变化会最终完成。

4.4.1.3　东港方言韵母的变异

东港方言韵母的变异主要表现在“蟹止山臻”四摄合口呼“u”介音的丢失和增生上。“蟹止山臻”四摄合口端系字共包括八个小韵的字，这些字在普通话中绝大部分是带有“u”介音的，而我们对东港市区方言进行调查时发现，上述绝大部分字在老派东港市区方言中合口呼都没有“u”介音，只有极少数字有例外。

（1）“u”介音的丢失

据《东沟县志》（许敬文，1996），东港话中“蟹止山臻”四摄端系字合口呼没有“u”介音，我们对老派的调查结果与《东沟县志》的记录一致，见表 4-13：

表 4-13　东港方言“蟹止山臻”四摄端系字合口读法

	蟹摄	止摄	山摄	臻摄
端	堆꜀tei		端꜀tã	顿 tən꜆
透	腿꜀tʰei		脱꜀tʰə	吞꜀tʰən
定	队 tei꜆		团꜀tʰã	

续表

	蟹摄	止摄	山摄	臻摄
泥	内 nei꜅	类 lei꜅	暖 ꜀nã	嫩 nən꜅
来	雷 ꜀lei	累 lei꜅	乱 lan꜅	论 lən꜅
精		嘴 ꜀tsei	钻 ꜀tsã	尊 ꜀tsən
清	催 ꜀tsʰei		窜 tsʰã꜅	村 ꜀tsʰən
从	罪 tsei꜅			
心		虽 ꜀sei	酸 ꜀sã	存 ꜀tsʰən
邪	碎 sei꜅	随 ꜀sei		孙 ꜀sən

东港方言韵母的这种读法在胶辽官话中都具有一定代表性。

如前所述，胶辽官话登连片的大部分方言“蟹止山臻”四摄端系字“u”介音大都丢失，特别是山东半岛的方言点，比如威海、烟台、荣成、蓬莱、招远等，东港方言的读法与山东半岛登连片各点的读法相同。

在胶辽官话青莱片的大部分方言点，比如青州、临朐、诸城、青岛$_{黄岛}$、高密、青岛$_{即墨}$、平度、潍坊$_{寒亭}$、昌邑等地则广为分布着端系字合口呼完整保留的读法。

而在胶辽官话盖桓片的盖州、宽甸、营口、丹东、大石桥、桓仁等地除“泥来”母外，其他端系合口字都保留着“u”介音；胶辽官话桓仁等地方言中“蟹止山臻”四摄端系精组字保留“u”介音，其余端系声母字丢失“u”介音。

在胶辽官话中“u”介音的丢失由胶辽官话的中心地带向西南和东北的边缘地带逐渐扩散。汉语其他方言中也存在端系字“u”的脱落现象在，如果扩而大之进行考察，结合其他官话方言“u”介音脱落的情况，可以看出“u”介音最早在唇音后脱落，逐步形成了开口化的语音演变链：

［p、pʰ、m、f］后合口变开口→［n、l］后合口变开口→［t、tʰ］后合口变开口→［ts、tsʰ、s］后合口变开口

介音是声母和韵母之间的过渡音，过渡音是“从辅音除阻后（辅音后接元音时）或辅音成阻前（元音后接辅音时）到元音的稳定段之间的一小段不稳定的元音”①。过渡音处于不稳定状态，它的存在或脱落与音节内的辅音或主要元音有重要关系。

① 麦耘：《软腭辅音与硬腭过渡音的亲和性——一项语音演化研究》，《方言》2013 年第 3 期。

上述演变链表明，过渡音“u”的脱落，与前面辅音的发音部位有关。

（2）“u”介音的增生

东港方言处于胶辽官话登连片的边缘地带，东港方言中“蟹止山臻”四摄合口呼“u”介音在老派口语中基本丢失，属于介音全丢失型。我们的调查发现新派方言正在迅速变化，新、老派的读法差异明显。我们使用统一的调查表格对新老派进行了多人次的调查，调查表包括字表和词表两部分，字表有“蟹止山臻”四摄的35个字，词表有80个方言词。

①老派的读法

3位老派发音人的读法比较一致，除个别平时用得很少的字外，比如穗、翠、尊，其余的字都没有“u”介音，是开口呼。

②新派的变异

我们以东港第二职业高中的学生为调查对象对新派的读法进行调查，共调查了40位发音人，他们都是东港本地人，来自东港不同的地区，年龄都在18岁左右，男女性别比例基本平衡。

这些学生字表的读法比较乱，同样的字不同的发音人读法不一致，即使同一个发音人有些字也有开口和合口两种不同的读法。我们以“推、暖、脆”三个字为变项对这40个学生的读法进行对比分析。具体见表4-14：

表4-14　“蟹止山臻”四摄的读法

地域	人数	性别	人数	变式Ⅰ 都有“u”介音		变式Ⅱ 部分字有“u”介音		变式Ⅲ 都没有“u”介音	
				人数	百分比	人数	百分比	人数	百分比
郊区	30	男	18	3	15%	9	50%	6	35%
		女	12	2	16%	5	42%	5	42%
市区	10	男	5	1	20%	3	60%	1	20%
		女	5	2	40%	2	40%	1	20%

从表4-14中可以看出，东港方言中“推、暖、脆”的读法在新派发音人中有三种变式：变式Ⅰ都有“u”介音，变式Ⅱ部分字有“u”介音，变式Ⅲ都没有“u”介音。

对比新老派的读法可以清楚地看出有“u”介音的读法是后起的，是一种较新的读法，可能主要来自东北官话或普通话。

三个语音变式中变式Ⅰ是新式，变式Ⅱ是过渡式，变式Ⅲ是旧式。变式Ⅰ

目前主要在市区新派中，在市区大约30%的学生使用变式Ⅰ，郊区只有10%的学生使用变式Ⅰ。变式Ⅲ主要在郊区的新农、孤山等乡镇，郊区大约有35%的学生使用变式Ⅲ。过渡式的读法，即变式Ⅱ，在市区和郊区都占一半左右。由上可知，东港新派发音人"u"介音的读法正在迅速变化，从郊区到市区"u"介音的增生越来越多；另外，变式的使用与性别有一定关系，女性使用新式的比例为23%，男性仅为8%。

如前所述，从不同方言的比较中我们发现"u"介音的丢失与声母有一定关系，多遵循从［p、p^h、m、f］>［n、l］>［t、t^h］>［ts、ts^h、s］逐渐推移的规律，它受到音系规则的制约。

那么"u"介音增生的过程中是否也有规律呢？在新派发音人中从新式到旧式的替换是如何进行的呢？

我们对这40位发音人字表中的35个单字带"u"介音的读法进行比较分析，具体见表4-15：

表4-15　新派"蟹止山臻"四摄"u"介音的比较

地域	人数	均值	最大值	最小值	标准差
市区	10	21.3	30	12	8.172
郊区	30	9.83	12	7	1.722

由表4-15可知，市区学生带"u"介音的读法明显高于郊区学生。单字表35个字市区10位发音人带"u"介音的字占60%，均值为21.3，郊区带"u"介音的字只占29%，均值为9.83。

有两点值得注意：第一，"内、累、类、泪、雷"在所有的发音人口中都没有"u"介音；第二，"尊、穗、粹、最"几个"精组"字在80%以上的发音人口中有"u"介音。

这是否可以说明在"u"介音增生的过程中仍受到音系规则的制约，舌尖音［ts、ts^h、s］后面最早增生"u"介音，边音l最晚增生"u"介音呢？

情况并非完全如此。我们发现"u"介音增生的过程中除受到语音系统自身的调节外，更重要的是外部因素的影响。同是边音声母，"内、累、类、泪、雷"在所有的发音人口中都没有"u"介音，但是"乱、论、轮"在不少发音人口中则带有"u"介音。这也许缘于"内、累、类、泪、雷"的读法与普通话一致，所以读法比较稳定，没有发生变化。

再看舌尖音［ts、ts^h、s］后"u"介音的读法，我们调查字表中共有15个"精"组字，分别为最、碎、嘴、翠、穗、钻、撮、酸、蒜、尊、村、孙、岁、脆、随，其中只有“尊、穗、翠、撮”四个口语中的低频字读法比较一致，发音人多表示很少使用这些字，其余的字具有明显的人际差异，读法没有规律。

据此，我们认为新派方言中“u”介音的增生是接触引发的音变，主要受到了东北官话和普通话的影响，通过系统内部的调节音变由低频词向高频词扩散。

（3）东港方言“u”介音变异的特点

东港方言中“u”介音由丢失到增生，看似经历了一种回头式音变，实际是两种性质不同的音变。“u”介音的丢失是在一定的音系规则制约下发生的音变，是系统内部的音变，它在东港方言中早已完成；“u”介音的增生是近十几年在东港新派发音人中出现的音变现象，是接触引发的音变，主要受到了外部因素的影响，在系统内部因素的调节下“u”介音由低频词向高频词扩散。

王士元提出了竞争性音变这一多维的音变模型，竞争性音变是由多种因素相互竞争带来语音的不规则变化。[①] 东港新派发音人的音系变异中就可以清楚地看出音系规则和强势方言的影响之间形成竞争，使不同的发音人和不同的字组中“u”的读法具有一定的不稳定性，造成了“蟹止山臻”四摄“u”音变中的不规则现象。

新派中的介音增生现象和词频有关。前文的调查结果显示，同一字组内不同的字读法也有差异，比如同是边音声母，虽然“内、累、类、泪、雷”在所有的发音人口中都没有“u”介音，但是“乱、论、轮”在不少发音人口中就有“u”介音；同是舌尖音声母，字组中低频字“翠、穗、尊、损、罪”带“u”介音的频次要高于“嘴、钻、孙、酸”等高频字。假定普通话是触发介音增生的原因，这种词频的差别可以解释为语言接触中的互动关系。Hay（2005）等人对新西兰英语历时音变的研究表明，低频词比高频词更容易发生音变。这与本书的观察相符合。相较之下，高频词由于在语言群体，即东港话里经常使用，因而东港话的发音更稳固，受普通话的影响也就更小。[②]

东港方言“u”介音的变化以鲜活的语言事实告诉我们，系统内部的音变和外在因素引发的音变之间并不存在矛盾，同时，音变中词汇扩散的方式和新

① 参见王士元：《竞争性演变是残留的原因》，《王士元语言学论文集》，商务印书馆 2007 年版，第 89~113 页。

② 参见亓海峰、李明兴：《东港方言“蟹止山臻”四摄端系字合口呼 u 介音的变异研究》，《开篇》2018 年第 1 期。

语法学派所强调的“语音是渐变的，词汇是突变的”的方式之间也不是截然对立的，它们从不同的角度看待音变。我们可以看出，同一种语言或方言在不同的历史时期，可能会产生不同方式的音变。

4.4.2 东港方言词汇的变化

4.4.2.1 常用词语新、老派读法的差异

常用词语中新、老派词汇的差异主要表现在以下三个方面。

(1) 词汇的简化

与老派词汇相比，新派方言词汇系统明显简化，很多新、老派词汇之间存在着多对一的关系，即同一词目老派常有两个或多个同义词语，新派或只采用老派词汇的一种说法，或采用新的词汇。举例如下，见表 4-16：

表 4-16 新老派词汇变化举例

词条	老派	新派
我	俺、阿、我	我、俺
公猫	牙猫、郎猫	公猫
蜘蛛	喜蛛、勒勒蛛	喜蛛
火柴	洋火、出灯、火柴	火柴
厕所	便所、茅楼、别所、茅屎坑	厕所
加塞	插排、插当	加塞
浪费	辜费、作索、败坏、糟残	浪费
聊天	拉呱、唠嗑	唠嗑
角落	旮旯、角股落、犄角旮旯	旮旯
胳膊	胳臂、胳膀、膀子	胳臂
馒头	饽饽、卷子、馒头	馒头
女孩	闺嫜、小片子、小嫚儿	闺嫜
土豆	地豆、地包、土豆	土豆

(2) 词汇的替换

有些词条新老派的词汇不同，新派的词汇更接近普通话，如表 4-17 例词所示：

表 4-17　新老派词汇替换情况举例

词条	老派	新派
太阳	日头	太阳
奶罩	奶兜子	奶罩
肥皂	胰子	肥皂
烟囱	釜台	烟囱
上午	头晌	上午
下午	下晌	下午
晚上	过黑儿	晚上
下水道	马胡娄	下水沟

（3）词义的变化

有些词语新老派虽然都在使用，但是词义发生了变化，比如：

汤：老派方言中除了有菜汤、饭汤的意思外，还可以指热水、温泉，新派没有了后两种词义。

袄：老派方言中一年四季所有的上衣都称为“袄”，新派方言中袄只指棉衣。

饭：老派方言中饭主要指米饭，新派方言中饭是指一般的饭菜。

4.4.2.2　方言词汇衰变率的统计与分析

我们按照词类对东港市区老年人和年轻人的词汇变化情况进行比较，共调查了 1500 个词。其中，老派发音人 65 岁，一直居住在东港市，新派发音人调查了两位，都在 20 岁左右，是大学一年级的学生。在此基础上对方言的词汇衰变率进行分析，见表 4-18：

表 4-18　东港方言词汇衰变率

词汇类别	老派	新派今存	听过
天文	100%	75%	15%
地理	100%	75%	10%
方位	100%	95%	0%
亲属	100%	75%	20%

续表

词汇类别	老派	新派今存	听过
人体	100%	70%	10%
疾病	100%	80%	10%
农业	100%	65%	15%
工商	100%	80%	5%
文教	100%	80%	4%
红白喜事	100%	70%	10%
房屋器物	100%	65%	15%
食物	100%	80%	5%
动作	100%	75%	10%
动植物	100%	70%	10%
感觉	100%	80%	5%
时间、节令	100%	75%	15%
性状	100%	75%	10%
衣着	100%	80%	10%
数词	100%	100%	0
量词	100%	90%	5%
代词	100%	90%	5%
副词	100%	85%	10%
介词连词	100%	100%	0
助语叹	100%	96%	0
拟声词	100%	90%	0

从表 4-18 可以看出，东港话的词汇衰变情况比较严重，只有数量词、介连词、助语叹和拟声词这几类封闭类词的存留情况比较好，其他词类都有不同程度的衰变，特别是农业类、房屋器物和红白喜事词新老派的对比明显，反映出东港话词汇正在迅速变化。

4.5　东港地区语言态度的调查

“语言态度是指个人对某种语言或方言的价值评价和行为倾向。”①语言态度是影响人们在交际中选择使用不同言语形式达到交际目的的直接原因，语言态度的研究对于语言变异研究有一定的价值，同时有助于预测未来语言的发展变化趋势。

如前所述，东港方言存在着明显的社会分层变异，新派方言和老派方言在语音和词汇方面有显著的差异。新派方言的变异与东北官话和普通话的接触、影响有直接关系，这种影响是否会反映在语言态度中？本节对东港方言新派的语言态度进行分析。

我们采用问卷调查和个别访谈两种方式对东港新派发音人的语言态度和语言使用情况进行调查。

4.5.1　问卷调查

我们对调查人在不同环境下的语言使用情况，以及调查人对东港话、东北话和普通话的评价方面分别进行了问卷调查调。查在东港市第二职业高中、东港市第一实验小学五年级和大孤山第一实验小学五年级的学生中进行，共调查了 175 位学生。

（1）调查样本的构成

本次调查共发放问卷 200 份，回收了 175 份有效问卷，受访者基本情况如下：

年龄：12 岁以下 110 人，18 岁到 22 岁之间 65 人。

性别：女生 85 人，男生 90 人，男女性别比例基本平衡。

文化程度：调查人的文化程度主要是小学和中学。

地域：东港市区 124 人，郊区大孤山 51 人。

（2）调查问卷的设计

调查问卷分两部分，前一部分对调查人的语言使用域进行调查，分为十个问题：

---

① 游汝杰、邹嘉彦：《社会语言学教程》（第三版），复旦大学出版社 2016 年版，第 83 页。

1. 在学校上课时，跟老师说什么话？
2. 在学校上课时，跟同学说什么话？
3. 下课后跟老师说什么话？
4. 下课后跟同学说什么话？
5. 在家里跟父母说什么话？
6. 在家里跟爷爷、奶奶或姥姥、姥爷说什么话？
7. 在街上，跟东港本地人说什么话？
8. 在街上，跟不认识的人说什么话？
9. 在外地说什么话？
10. 自己最喜欢说什么话？

这些问题可以反映出调查人在教育域、家庭域、交往域中的语言使用情况。第二部分对调查人的语言评价和语言认同进行调查，请调查人对东港话、普通话和东北话的亲切、好听、有用和社会影响等几方面进行打分，同时请调查人回答自己说的方言是东北话还是胶东话。

（3）调查结果的分析

从语言使用域看，教育域使用普通话的比例最高，特别是在课堂上，约占85%。家庭域使用东港话的比例比较高，其中对祖父母使用东港话的频次略高于对父母使用东港话的频次，分别为85.7%和80%。交往域使用东港话的比例也比较高，对熟人使用东港话的频次是85.7%。可见，东港话在日常生活中占有很大的优势，越公众、正式的地方使用东港话的频次就越低，而使用普通话的频次越高，比如教育域中普通话的高频使用。具体见表4-19：

表4-19　东港方言使用域的调查

使用场合		总人数	普通话		东港话		其他话	
			频数	百分比	频数	百分比	频数	百分比
教育域	课堂内对老师	175	160	91.4%	15	8.6%	0	0
	课堂内对同学	175	140	80%	35	20%	0	0
	课堂外对老师	175	125	72%	50	28%	0	0
	课堂外对同学	175	125	72%	50	28%	0	0

续表

使用场合		总人数	普通话		东港话		其他话	
			频数	百分比	频数	百分比	频数	百分比
家庭域	对父母	175	35	20%	140	80%	0	0
	对祖父母	175	25	24. 3%	150	85. 7%	0	0
交往域	对熟人	175	25	24. 3%	150	85. 7%	0	0
	对陌生人	175	45	26%	130	74%	0	0
	对外地人	175	60	25%	100	57%	15	8%

从调查人对东港话和普通话的评价看，认为东港话亲切的频次最高，认为普通话与身份有关系的频次也比较高，对东北话的评价具有多样性的特点，大部分人认为东北话不好听，但是有用。具体见表 4-20：

表 4-20　东港人对不同方言的评价

		评价等级		
		高	中	低
亲切	东港话	81. 5%	15. 5%	3. 0%
	普通话	35. 5%	48. 2%	16. 3%
	东北话	23. 3%	37. 3%	39. 4%
好听	东港话	12. 5%	20. 5%	67. 0%
	普通话	24. 4%	33. 0%	42. 6%
	东北话	5. 8%	16. 8%	77. 4%
有用	东港话	15. 9%	15. 8%	68. 3%
	普通话	34. 4%	30. 1%	35. 5%
	东北话	9. 2%	24. 0%	67. 8%
有身份	东港话	25. 0%	45. 0%	30. 0%
	普通话	79. 5%	15. 5%	5. 0%
	东北话	35. 8%	48. 2%	18. 0%

4.5.2 个别访谈

我们在多人次抽样调查的基础上，对几位东港的老人进行了个别访谈，以了解老一代东港人的语言态度。

访谈共调查了四位老人，其中一位是孤山人，其余三位是东港市人，他们都已经退休，年龄在 60~65 岁。谈起东港方言，他们的共同感觉是东港方言在迅速地变化，很多过去老人们常用的词语现在年轻人不说了，有时候词语的意思都不知道，语音也发生了变化，他们觉得年轻人的东港话已经没有“海蛎子味”了。

这几位调查人在访谈中都说平时很少用普通话。其中孤山的老人是退休教师，他说“自己工作的时候在农村即使在课堂上教师也不使用普通话，但现在的年轻教师上课都用普通话”，他退休以后在市里帮儿子照看孩子，为了孙子，现在他自己也开始说一些普通话，“不然儿媳妇不高兴，怕孩子也学会说‘土话’了”。

这几位老人都认为东港话很亲切，与周边的东北话不一样，更接近大连话，所以他们不认为东港话土气、不好听，相反，他们认为普通话不亲切，不好听，喜欢听东港话。

当我们问起现在的年轻人都喜欢说与老年人有明显差异的东港话或普通话他们有何感觉时，老人们都表示“没有办法”，因为现在东港经济发展比较快，与周边的丹东等地交往很密切，“丹东人说话轻巧，瞧不起东港人的土话”，所以现在年轻人赶时髦，跟潮流，口音发生变化是自然的事情。但他们并不喜欢这种现象。

从对老年人的访谈中，我们可以看出东港老人的语言态度比较保守，对年轻人的语言变化并不赞同，但是他们心里也有矛盾，因为他们也认为年轻人方言的变化是自然而然的事情。

4.6 语言接触下东港方言形成、演化的特点

东港方言在移民的背景下形成，早期阶段不同来源的移民方言相互混合，形成了带有明显胶东方言特征的混合方言。处于胶辽官话与东北官话交界地带的东港方言既受到东北话持续不断的影响，又受到普通话的冲击，方言处于迅

速的变异中。

老派东港话语音带有胶东方言的鲜明特征，词汇有多元化特点，语法方面与东北官话比较接近。

老派东港话“知庄章”声母读［ts、tsʰ、s］和［tɕ、tɕʰ、ɕ］两套，声母系统中没有卷舌音，“端”系“蟹止山臻”四摄的合口呼没有“u”介音，单字调阳平调和去声调合并，只有三个单字调。这些语音特征基本符合胶东方言的特点，是胶东方言的发展特色。

老派东港方言的词汇系统不够稳定，很多词汇有不止一种常用的表达方式，体现出混合方言在词汇上的特色。这些表达方式有些跟胶东方言接近，有些跟东北官话接近。

东港方言的语法更接近于东北话，其反复问句在口语中一般采用“VP不”的句式，与东北官话通行的句式相同，而胶东地区常见的句式是“是不、是莫、是没+VP”。此外，“A……（不）起……B”的比较句也是胶东地区语法标记性比较强的句式，但是我们在调查中发现即使在老派东港话中也很少使用这种比较句式。

从老派东港话的语音、词汇、语法特点看，我们可以认为它是在胶东方言和东北话的接触融合下形成的混合方言，语法更接近东北官话，语音保留着胶东方言的特色，词汇带有混合性。

新派东港话则在语音、词汇方面都出现了变异。方言语音系统的变异体现在声、韵、调各个层面，新派东港方言的语音变异处于一种自由无序的变异状态，存在发音人之间的人际差异和发音人字、词读法自由变读。比如：在声母系统中程度不等地出现了卷舌音［tʂ、tʂʰ、ʂ］，韵母的变化表现为“u”介音的增生，老派东港话中端系字丢失的“u”介音新派却逐渐增生，声调系统也由三调向四调转化，产生了与普通话的调型、调值比较接近的新的阳平调。新派东港话的变异正在进行，在不同性别、不同乡镇的年轻人之间变异的频率、范围不尽相同，新派的变异在不同区域间呈现由市区向郊区的扩散，在同一区域的不同性别间呈现出女性快于男性的特点，性别之间的差异体现在“由上而下”的变化中女性处于优势，符合 Labov（2001）的研究中对性别和语音变化关系的解释。变异已经突破了东港方言原有的语音系统，增生的声母、韵母和声调都与普通话的音类相同、音值相近。

东港方言新派的变异与普通话的影响有密切的关系。语言接触中“语音的影响主要是使受语增加新音位、新的结构模式、以及增加过去未有的语音演变规则，增加新的成分是可能的，但也存在一定的难度"[①]。东港方言语音变异的情况说明，在外部因素的影响下可以在语言系统中产生新的异质成分，这种变化速度比较快，在几十年间就迅速发生，随着程度加深，变异可能会从无序状态进入有序状态。老派的方言词汇有多元化的特点，在新派口中词汇系统变得简单、稳定，很多来自普通话的新词取代了老派的方言词。

从新、老派的对比看，东港方言在近百年来受到了胶东方言、东北官话和普通话的多重影响。游汝杰等在《社会语言学教程》中指出语言的层级是分高低的，威望较高的语言（或方言，下同）属高层级（high rank），威望较低的语言属于低层级（low rank）。[②] 高层级的语言在同一个言语社团（speech community）用于较正式、较庄重的场合，同时有可能成为言语社团的通用语言。就中国的语言生活而言，在高层语言和低层语言之外，还有一种顶层语言（supreme language），过去称为官话，现在称为普通话。

就东港话而言，其语言的层级性可用图 4-2 来表示：

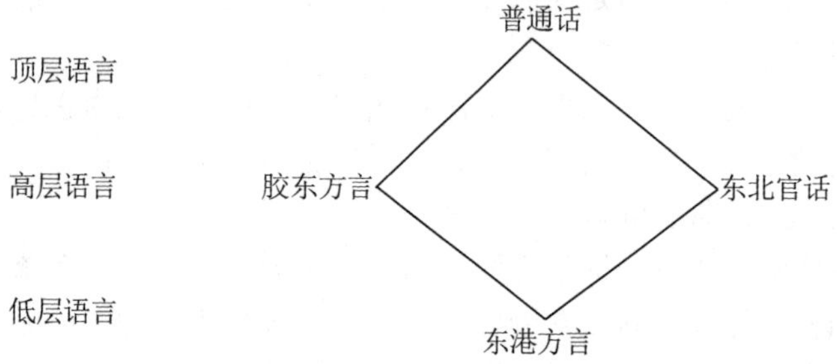

图 4-2　东港话语言的层级性

可以说，早期的东港话以胶东方言为基础，同时兼有东北官话的特点，近几十年来随着普通话的普及，普通话作为顶层语言直接影响到新派东港方言。东港人对普通话的权威地位有着普遍的认同，语言态度推动着语言变异，使得新派东港话借了普通话的异质成分，出现语音和词汇的变异，语言面貌发生了较大的变化。

东港方言的变异在辽宁南部带有典型性，早期辽南地区的胶辽官话带有胶东方言和东北官话的混合色彩，语言层次比较新，现在辽南地区的各方言受到顶层语言——普通话的影响都处于迅速的变异中。

---

① 戴庆厦、田静：《语言的外部影响与内部机制》，《民族语言》2007 年第 4 期。

② 参见游汝杰、邹嘉彦：《社会语言学教程》（第三版），复旦大学出版社 2016 年版，第 240 页。

第五章　方言的衰变与转用——胶辽官话的方言岛

“在方言地理学上，被另一种方言（或语言）包围的方言称为方言岛。”①方言岛的最根本的特性就是岛内的居民统一使用从某种方言中分离出来的方言，与岛外方言有较大差异，岛外被其他语言或方言包围。游汝杰（2000）对方言岛的地理形状和类型进行了详细的分析，将方言岛分为板块状巨岛型、点状孤岛型、斑点状群岛型、带状列岛型、块中点状岛中岛型、沿海据点型几种不同的类型，并指出方言岛的形成有两大原因：一是方言自身的变化，二是受移民影响。因方言自身的变化形成的多是城市方言岛，因人口变迁而形成的方言岛包括土著方言被移民方言包围而成为的方言岛和移民及其方言直接造成的方言岛。

由于被其他语言或方言包围，现在很多方言岛处于消变之中，曹志耘（2005）对吴徽语地区中的方言岛进行了比较全面的调查，发现方言岛正以前所未有的速度消亡，对方言岛的调查和分析以及方言的演变有独特的意义。

黑龙江的虎林和二屯是两个胶辽官话的方言岛。“黑龙江省抚远的二屯方言岛，居民主要由山东安丘一带迁来……黑龙江省虎林的胶辽官话方言岛，其居民主要由丹东一带迁来，则是丹东的胶辽官话进一步向北迁移的结果。”②虎林、二屯两个胶辽官话方言岛随着胶东移民的进一步北迁而形成，处于东北官话的包围中，形成和变异特点有别于胶辽官话的其他地区。

对胶辽官话方言岛的方言变异的调查研究可以使我们更深入、系统地了解胶辽官话的演变特点。本章主要以黑龙江的虎林方言为例，对胶辽官话方言岛的语言变异进行梳理、分析。

---

① 游汝杰：《汉语方言学导论》，上海教育出版社 2000 年版，第 58 页。

② 张树铮：《胶辽官话的分区（稿）》，《方言》2007 年第 4 期。

5.1 虎林方言概况

5.1.1 虎林的地理位置、历史沿革

虎林市在黑龙江省东部，位于完达山脚下，距哈尔滨 736 公里，面积约 9330 平方公里，截至 2022 年 10 月，虎林市辖虎林镇、东方红镇、迎春镇、虎头镇、杨岗镇、东诚镇、宝东镇 7 个镇，新乐乡、伟光乡、珍宝岛乡、阿北乡 4 个乡。虎林地广人稀，截至 2022 年末，虎林市总人口 265312 人，是一个以农业、绿色食品产业、边境贸易、旅游业、医药等产业为主的新兴口岸城市。

虎林作为一个移民城市，历史并不长。据《虎林县志》（1992）记载，早期虎林居住着赫哲族，他们依靠渔猎谋生。清光绪年间（1875~1908）开始垦荒，山东、河北一带的汉族移民陆续迁入。早期移民主要在虎林山区挖参、垦荒并逐渐定居于此，进行农耕。清宣统元年（1909）虎林设治，属呢吗厅，后改成虎林厅，1912 年改为虎林县。

民国初期虎林放荒招垦，关内大量汉族居民纷纷迁入虎林地区谋生，成为“闯关东”的早期移民，他们主要来自辽宁丹东地区的东港和山东半岛东部的烟台、威海、莱阳等地。虎林至今仍广为流传的一些民谣、民间故事记载了早期移民的情况，“1921 年来县城、倒木沟、荒岗、黑咀子一带的人有 1000 户，由于 1922 年后独木沟一带种罂粟，又增加了一些种烟户”①，黑咀子就是现在的虎林市，倒木沟、荒岗等也在今虎林市区周围。当时的虎林人烟稀少，这些“闯关东”的辽东半岛、山东半岛的移民成为虎林地区早期居民，他们的方言也成为虎林方言的基础，使虎林成为胶辽官话方言岛。

虎林虽然有优越的农林资源，但地处边界，人口稀少，长期贫穷落后、发展缓慢，新中国成立前被称为“北大荒”。新中国成立后，在开发边疆的国家政策号召下，内地开始有计划的移民，1955~1958 年从山东等地不断有大批人口迁徙至虎林各地，“1955 年从山东移来 750 户，1956 年 4 月从山东移入 753 户”②，“文化大革命”后也有大批来自山东的知识青年到虎林插队，还有一些

① 虎林县志编纂委员会：《虎林县志》，中国人事出版社 1992 年版，第 753 页。

② 虎林县志编纂委员会：《虎林县志》，中国人事出版社 1992 年版，第 755 页。

山东的农民在北迁的亲戚或同村人带动下流入虎林落户，虎林人口在20世纪50、60年代增长很快，人口结构发生了较大变化，人口的变迁也带来虎林方言的变化，虎林方言岛处于快速的融合变化中。

虎林作为一个移民城市，人口来源多样，虎林内部方音根据迁徙人口来源的不同也有一定差异。当地人称典型的虎林话为"虎林腔"，"虎林腔"以胶东和辽东半岛移民比较集中的伟光乡、东诚镇和虎头镇三个乡镇的土话为代表，这三个乡镇人口比较稳定、人口来源较为集中，形成了"虎林三味"，而以虎林市为代表的其他地区方言已经很接近东北官话，失去了胶辽官话的特色。我们对虎林的伟光乡、东诚镇和虎头镇进行了为期半个月的田野调查，调查采用数字录音笔录音。

5.1.2　虎林方言的特征

我们以"虎林腔"最浓重的伟光乡老派方言为代表对虎林方言进行记录、描写。发音人两位：一位是伟光村退休的小学教师，包礼杰，62岁；另一位是伟光村的农民，姜连胜，75岁。

5.1.2.1　语音特点

（1）声调

虎林方言有平声、上声和去声三个单字调：

平声	31	天山娘龙
上声	213	古口五买，割铁福竹
去声	53	田铜寒南，淡抱最厚，变汗大怒，合舌月六

声调的演变特点如下：

①阳平与去声合并，即古全浊平声归入去声，比如：嫌 $ɕian^{53}$ = 县 $ɕian^{53}$、爬 $p^{h}a^{53}$ = 怕 $p^{h}a^{53}$。

②次浊平声分别归入平声和去声，归派无规律，比如：麻 ma^{53}、聋 $luŋ^{31}$。

③清入声大部分派入上声。

虎林话连读变调主要表现为前字变调，在后字为非轻声的两字组中，变调主要体现为平声与平声连读、上声与上声连读、去声与上声连读三种组合。在前两种连读组合的变调中产生了高平调55，比如：牙猫 $iа^{55}mɔ^{31}$、烧云 $sɔ^{55}$ $yə̃^{31}$、小米 $ɕiɔ^{55}mi^{213}$、手表 $sou^{55}biɔ^{213}$。在去声和上声的连读中前一音节由高降53变为低降31，比如：跳舞 $t^{h}iɔ^{31}vu^{213}$、卖酒 $mɛ^{31}tɕiu^{213}$。

（2）声母

p 布别	pʰ 爬盘	m 墨麻	f 符乏	v 碗温
t 到地	tʰ 太同	n 奴纳	l 蓝辣	
k 割跪	kʰ 葵克	x 灰黑		
tɕ 经耕	tɕʰ 秋尺	ɕ 线书		
ts 糟蒸	tsʰ 粗初	s 丝诗		
ø 延热人软				

声母 19 个，有以下三个特点。

①古“知庄章”声母分别读［ts］［tsʰ］［s］和［tɕ］［tɕʰ］［ɕ］。

②“日”母字除个别字声母读［l］外，大部分字为零声母。

③“微疑影云以”五母的合口呼字声母都读浊擦音［v］。

（3）韵母

a 麻割	ia 架牙	ua 瓜刷	
ə 波百	iə 热铁	uə 过所	yə 靴药
ɿ 资死	i 第日	u 故都	y 雨书
ɛ 开街	uɛ 怪帅		
ɔ 饱脑	iɔ 校苗		
ei 倍嘴	uei 贵追		
ou 斗头	iou 流丢		
ər 儿二			
ã 短干	iã 边连	uã 船患	yã 权捐
ə̃ 根肯	iə̃ 心品	uə̃ 魂春	yə̃ 云群
aŋ 刚嗓	iaŋ 凉想	uaŋ 黄狂	
əŋ 朋坑	iŋ 丁听	uŋ 中送	yŋ 凶荣

韵母 35 个，有以下五个特点。

①“蟹止山臻”四摄合口端系字无［u］介音。

②咸摄合韵字韵母为［a］，比如“喝、渴、割”等字。

③“蟹止山臻”四摄及“曾梗流”摄的开口三四等“来”母字韵母为［ei］，比如：“梨”读 lei˧˩^{31}。

④梗开二帮组入声字韵母读［ə］，比如：白 bə^{213}、麦 mə^{213}。

⑤前鼻韵韵尾脱落，韵母鼻化。

5.1.2.2　词汇特征

虎林老派的词汇系统以胶辽官话词汇为主，同时也有少量词语有满语的词汇，还有少数词语来源于东北官话，具有词汇多元的特点。

民俗词语和地名词语是方言词汇系统中比较稳定的部分，以这两类词语为例进行说明。

虎林大部分民俗词语都与胶辽一带相同，比如与婚丧嫁娶有关的词语，“提亲、媒柬、迎亲、抓周、做寿、头七、烧七、报庙、指路”等词语都与胶东一带相同；另有少数民俗词语来自满族和其他民族的生活习俗，比如“靰鞡、毡疙瘩、翁的、醋杀鱼”等来自满语，“巴离子（监狱）、喂的罗（水桶）、咧巴（面包）”等词语来自俄语，还有少量词语与东北官话有关，像“棒槌、山货、大碴子、小碴子”等。

地名词语同样显示出词汇有不同的来源并包含着不同的层次，从虎林地名中，我们可以看出满语的底层成分。比如“虎林”就是满语“忽林”的译音，“忽林”是满语“沙鸥”的意思，此外，“松阿察河”（松阿察是满语“灰缨”的意思）、“小木克河”、“完达山”（完达是满语“梯子”的意思）等地名都是满语的译音词，它们是虎林地名中比较古老的层次。部分地名词语专名部分来自满语，通名部分来自胶辽官话，有“合璧词”的特点。“合璧词”是一个双音节合成词的两个语素，分别来自不同的语言或方言，是微观的语言融合的结果之一。从地名词和民俗词语看，虎林方言词汇应包含着三种层次：清代以前满语词汇层、新中国成立前方言旧的词汇层和新中国成立后的新词汇层。

同时，虎林老派部分方言词汇常有几种不同的说法，一种事物有不止一种表达方式，比如“脏三、妈虎”都是狼，“蝉、街溜鸣、街里溜”都指“知了”，“闺娉、小丫头、小姑娘、小妮子”都指小女孩，“齁娄、齁拉、齁巴”都指气管炎，“扯白、扯犊子、扯淡、瞎话、扯洋溜”都指说胡说八道，等等。

5.1.2.3　语法特征

虎林方言除比较句外，句式与普通话差别不大，语法方面的特点主要体现在构词上。

老派方言形容词词缀较为丰富，特别是“巴、可、死、齁、稀、精、焦”等表程度的前缀，比如“巴丑、可好、死贵、齁咸、稀甜、精瘦”等，还有“莫实老”等多音节前缀，有生动形象的口语表达效果，比如高→莫实老高、大→莫实老大。

带前缀的形容词有 BA、BBA、BABA 的等几种结构类型，其中 BBA 和 BABA 有程度加深的作用，比如：肥→得得肥、冷→滋滋冷、贵→滋滋贵、丑→巴丑巴丑的、瘦→精瘦精瘦的、窄→精窄精窄的、酸→焦酸焦酸的、甜→稀甜稀甜的。

70 岁以上的部分老年人会使用“N_1+VP+起+N_2”和“N_1+不+VP+起+N_2”的比较句句式，比如：他不强起我，老小高起老大。这类比较句在山东地区的胶辽官话中较为常见，在明清时期的山东方言背景的白话文献中也有发现，这类比较句反映出山东方言的地域特色。

5.1.2.4 小结

虎林方言与辽宁丹东，特别是东港的老派方言在语音特征上有很多相似之处，比如只有平声、上声、去声三个单字调，次浊平声字部分归入清平，“蟹止山臻”四摄合口端系字没有［u］介音，日母字（除止摄开口三等字）大部分读零声母，古“知庄章”三组声母分为［ts、tsʰ、s］和［tɕ、tɕʰ、ɕ］等特征都与东港老派方言相同。

进一步比较也会发现，“虎林腔”的胶辽官话特色已不如东港方言典型，其特征在淡化。以次浊平声字归清平为例，次浊平声字部分归清平，而不是归入浊平，这是胶辽官话语音方面的重要特征，从胶东地区到辽南地区再到黑龙江的虎林，次浊平声归入清平的字在逐渐减少。如前所述，在胶东一带次浊平声归入清平的字约占 55%，在辽宁的大连$_{普兰店}$、东港一带约占 40%，而在虎林地区归入清平的字只是一些口语中很常见的字，占 20% 左右。可见，虽然虎林方言的语音具有胶辽官话的部分特征，但是相对于胶辽官话的大本营，其特征已明显淡化。

综上，虎林是在清代移民垦荒时形成的胶辽官话方言岛，其方言以胶辽官话为基础，兼有当地土话和东北官话的特色。胶辽官话的特征主要表现在语音方面，语法与东北官话比较接近，词汇具有多元化、混合性特征。

总体而言，虎林作为胶辽官话最北端的一个方言点，胶辽官话的特色已经很淡。

5.2 虎林方言结构的变异

我们对伟光村新、老派方言不同年龄发音人方言的语音特征、词汇特征、语法特征的共时差异进行调查比较。调查人都是辽宁东港的移民，分别为第一代、第二代和第三代移民。

5.2.1 语音特征

虎林方言语音上的主要特点是：阳平与去声合并，只有平声、上声、去声三个单字调；声母数量较少，没有舌尖后音［tʂ、tʂʰ、ʂ］，古"知庄章"三组声母今读［ts、tsʰ、s］和［tɕ、tɕʰ、ɕ］；中古"蟹止山臻"四摄合口端系字没有［u］介音；"日"母字读零声母。

我们选择了几条虎林方言中较为典型的语音特征为对比变项，对老、中、青不同年龄阶段发音人的特点进行比较。具体见表5-1：

表5-1　虎林方言不同年龄阶段语音特征的比较

70岁以上 老年人读法	35~45岁 中年人的读法	25岁以下 青年人的读法	胶辽官话特征	东北官话特征
"知庄章"三组声母读［ts、tsʰ、s］和［tɕ、tɕʰ、ɕ］	"知庄章"三组声母大部分字读［ts、tsʰ、s］，个别字读［tɕ、tɕʰ、ɕ］	"知庄章"三组声母都读［ts、tsʰ、s］	"知庄章"三组声母有两种或三种读法	"知庄章"三组声母读［ts、tsʰ、s］
"日"母字读零声母或［l］	"日"母字大部分读零声母或［l］，少数字有文白两种读法，文读时读［ʐ］	"日"母字读［ʐ］	"日"母字读零声母或［l］	"日"母字读［ʐ］
"蟹止山臻"四摄合口端系字没有［u］介音	"蟹止山臻"四摄合口端系字部分有［u］介音	"蟹止山臻"四摄合口端系字有［u］介音	"蟹止山臻"四摄合口端系字没有［u］介音	"蟹止山臻"四摄合口端系字有［u］介音
单字调三个	单字调三个	单字调三个	有三个或四个单字调	有四个单字调
清入声大部分派入上声	清入声部分派入上声	清入声少部分派入上声	清入声派入上声	清入声派入四声

从表5-1可以看出，伟光村老、中、青发音人方言的语音特征具有较大差异。70岁以上的老人作为第一代移民，语音基本符合胶辽官话的特征，中年

人作为第二代移民，语音出现变化，逐渐靠近东北官话，20 岁以下年轻人的语音明显受到东北官话影响，像“知庄章”三组声母只读［ts、tsʰ、s］，“蟹止山臻”四摄合口端系字部分字出现［u］介音，日母字读［ʐ］等都是东北方言的语音特点，可以说在新派发音人口中除声调还保留着虎林方言的特点外，虎林方言语音的独特性基本消失。

我们以“知庄章”三组声母的读法为例进一步对中年人和老年人的语音进行比较，可以更清晰地反映出中年人处于变化中的语音特点。虽然在老年人和中年人口中“知庄章”三组字都有［ts、tsʰ、s］和［tɕ、tɕʰ、ɕ］两种读法，但是中年人读舌面音［tɕ、tɕʰ、ɕ］的字明显少于老年人。举例见表 5-2。

表 5-2　虎林中、老年人“知庄章”三组声母读法的比较

例字	70 岁以上老年人	35~45 岁的中年人
社$_{\text{假开三}}$	ɕiə^{53}	sə^{53}
猪$_{\text{遇合三}}$	tɕy^{31}	tɕy^{31}
鼠$_{\text{遇合三}}$	ɕy^{213}	su^{213}
书$_{\text{遇合三}}$	ɕy^{31}	su^{31}
主$_{\text{遇合三}}$	tɕy^{213}	tsu^{213}
枝$_{\text{止开三}}$	tɕi^{31}	tsɿ^{213}
知$_{\text{止开三}}$	tɕi^{31}	tsɿ^{31}
迟$_{\text{止开三}}$	tɕʰi^{53}	tsʰɿ^{53}
舌$_{\text{山开三}}$	ɕiə^{53}	sə^{53}
尺$_{\text{梗开三}}$	tɕʰi^{213}	tɕʰi^{213}
叔$_{\text{通合三}}$	ɕy^{31}	su^{31}
熟$_{\text{通合三}}$	ɕy^{53}	su^{53}
师$_{\text{止开三}}$	ɕi^{31}	sɿ^{31}
十$_{\text{深开三}}$	ɕi^{53}	sɿ^{53}

70 岁以上的老年人“知庄章”组声母的大部分假摄、遇摄、止摄、山摄、梗摄三等字读［tɕ、tɕʰ、ɕ］，其他“知庄章”声母字读［ts、tsʰ、s］，而在中年人口中读［ts、tsʰ、s］的字比较多，只有少数字读［tɕ、tɕʰ、ɕ］，并且发音人常常指出虽然知道这些字有［tɕ、tɕʰ、ɕ］的读法，但是不常这么说，平时一般读［ts、tsʰ、s］。表中所列的常用字老年人都读［tɕ、tɕʰ、ɕ］，而中

年人只有 4 个字有这种读法，反映出中年人的口音已经发生较大的变化。

5.2.2　词汇的变化

我们参照《方言词汇调查手册》（中国科学院语言研究所，1955）和《汉语方言学教程》（游汝杰，2004）所列词汇调查类目及词条调查伟光村新、老派发音人的方言基础词汇。

老派发音人为虎林伟光村村民，男性，75 岁；新派发音人为虎林伟光村乡镇干部，35 岁。以老派词汇为基准，对虎林方言词汇的衰变率进行统计。统计结果见表 5-3：

表 5-3　虎林方言词汇今存率

词汇类别	老派使用	新派使用	新派听过，不使用
天文	100%	55%	30%
地理	100%	60%	20%
方位	100%	85%	15%
亲属	100%	60%	25%
人体	100%	55%	30%
疾病	100%	65%	30%
农业	100%	55%	30%
工商	100%	60%	25%
文教	100%	70%	25%
红白喜事	100%	55%	20%
房屋器物	100%	60%	20%
食物	100%	60%	25%
动作	100%	75%	10%
动植物	100%	70%	10%
感觉	100%	80%	5%
时间、节令	100%	75%	15%
性状	100%	70%	20%
衣着	100%	70%	10%
数词	100%	100%	0

续表

词汇类别	老派使用	新派使用	新派听过，不使用
量词	100%	85%	10%
代词	100%	70%	25%
副词	100%	85%	10%
介词连词	100%	95%	0
助语叹	100%	95%	0
拟声词	100%	90%	0

从表 5-3 可以看出，伟光村的词汇衰变率很高，特别是天文、地理和身体名称、亲属称谓一类的词汇在新、老派中差异明显。很多老年人使用的词语中青年人不再使用了，只表示自己听说过，明白词语的意思，还有些少量老派使用的方言词语新派发音人则表示不知道意思。

我们选取部分新、老派有差异的词汇进行举例说明（词语下面画波浪线的是同音字），见表 5-4：

表 5-4　虎林方言新、老派词汇对比

词义	虎林老派	虎林新派
父亲	爹爹	爸爸
母亲	娘	妈
舅妈	妗母、妗子	舅母
妻子	老蒯側	老婆
丈夫	当家的、俺家的、掌柜的	老公
再婚的女人	二茬子	再婚的
肥猪	壳罗	肥猪
公猪	泡栏猪	泡栏猪
母猪	闷猪	老母猪
公狗	牙狗	公狗
母猫	牙猫	母猫
公牛	腱子	公牛
母牛	女牛	母牛

续表

词义	虎林老派	虎林新派
母鸡	老抱子	老母鸡
熊	黑瞎子	熊
狼	妈虎、张三	狼
黄鼠狼	黄皮子、黄鼬	黄鼠狼子
癞蛤蟆	蛤蟆蟆子	癞蛤蟆
青蛙	青歪子	蛤蟆青蛙
蜘蛛	勒勒蛛子、喜蛛子	喜蛛
蚯蚓	曲溜蟮	曲蟮
蛇	长虫	蛇
蚂蚁	蚂蚁蛘、蚁蛘	蚂蚁
跳蚤	蝈蚤	跳蚤
苍蝇	苍蛘	苍蝇
蝌蚪	蝌蝌汤子	蝌蚪
蝉	街里鸣、街溜、知了	蝉
壁虎	蝎虎子	壁虎
泥鳅	泥里沟子	泥鳅
女孩	闺蛋、闺嫏	小丫头
小孩	小嘎子	小孩子
左撇子	左提搠子	左撇子
单身汉	跑腿子	光棍子
什么	什么	啥
怎么样	怎么样	咋样
薄	消	薄
稠稀饭	厚	稠
漂亮	透俊	真俊
很好	贼好、老好	真盖
很高	莫实老高	老高

续表

词义	虎林老派	虎林新派
很大	莫实老大	老大
很胖	得得肥	很肥
很细	精细	很细
很热	可热	很热
吃饭	啖饭	吃饭
夹菜	叨菜	夹菜
看	瞅	看
干	鼓捣	干
躲躲藏	趴猫	藏猫
藏	掩	藏
放东西	高起来	放起来
挑选	拣	选
闻味	听味	闻
撕开	攋	撕
娶	将媳妇	娶媳妇
嫁	出门子	出嫁
玩	耍	玩
随便说话	瞎嘞嘞	瞎掰
说假话	扯犊子、瞎话	扯淡
滑冰	打出溜滑	溜冰
奉承人	舔腚	拍马屁
打嗝	打呴哇	打饱嗝
骂	噘、卷	骂
吃奶	咂奶	吃奶
猜谜语	破谜	猜谜
离婚	打罢刀	离婚
吵嘴	抬杠	干仗

续表

词义	虎林老派	虎林新派
有瓜葛	沾包、黏帘子	瓜葛
游泳	溇水	游泳
耳环	坠子	耳环
戒指	镏子	戒指
手电筒	电棒子	手电筒
收音机	电匣子	收音机
摩托车	电驴子	摩托
自行车	脚踏车	自行车
床	炕	床
抽屉	抽匣	抽屉
肥皂	胰子	肥皂
毛巾	擦脸布子	毛巾
尿布	褯子	尿布
厕所	茅房	厕所
监狱	巴篱子	监狱
小路	猫猫道	小道
坟墓	茔地	坟地
太阳	日头	太阳
晚霞	烧云	霞
水坑	水泡子	水洼子
水稻	粳子	稻子
向日葵	闲么磕	向日葵
西红柿	洋柿子	西红柿
馒头	饽饽	馒头
水饺	咕子	饺子
油条	油炸果子	油条
面条	面汤	面条

续表

词义	虎林老派	虎林新派
米饭	干饭	米饭
鼻涕	鼻汀	鼻涕
口水	拉拉吃水	吃水
嗓子	嗓头子	嗓子
指甲	手盖	指甲盖
脖子	脖梗	脖子
后背	脊梁盖儿	脊梁
屁股	腚垂子	腚
乳房	奶子、妈妈	妈妈
前额	奔娄头	额头
眼屎	眼巴巴	眼眵
下巴	嘴巴	下巴
脸颊两边的胡子	脸面胡子	络腮胡
拉稀	跑肚	拉肚子
腿抽筋	转腿肚子	抽筋
舒服	愉气	恣
哮喘	齁拉	哮喘
昨天	夜来	昨个
上午	头晌	上午
下午	下晌	下午
晚上	后晌	晚上
不服软	不让腔	嘴硬
外行	白帽子、老杆	外行
土	土包子	老土
懒	懒熊	懒汉
办事缓慢	肉筋筋	磨叽
害羞	害淡	害臊

续表

词义	虎林老派	虎林新派
心眼坏	奸坏	坏
不大方	狗气	抠门
头顶秃	秃盖	秃顶
劳动报酬	重劳金	工资

表 5-4 中老派的虎林方言特色词汇大部分与胶辽官话常用的词汇比较相似，比如表时间的“夜来、头晌、下晌、后晌”等，表食物的“洋柿子、饽饽、咕子、油炸果子”等，表动物的“牙狗、牙猫、角猪、妈虎”等都是在胶东地区广为使用的方言词汇，带有明显的胶辽官话特色。老派的部分方言词有两种或两种以上的说法，词汇较为多元，而新派使用的词汇比较单一，跟东北官话或普通话比较接近。

5.2.3　方言语法结构的变化

在语法方面，虎林方言与普通话的差别不大。我们选择老派方言中与普通话差别比较明显的语法项目对新、老派语法进行比较，列举如下。

（1）词缀

对于老派发音人常用的“精、透、老、可、滋滋、血、贼、得得”等形容词前缀，新派发音人使用较少，多用“很、老、真”等副词表程度的加深。

（2）比较句

虎林方言中“A……起 B”的比较句式只有少数 70 岁以上的山东移民来源的老人使用，是一种已经接近消亡的句式，即使 60 岁以下的中老年人也已很少使用。虎林新、老派方言语法方面的差别不大。

5.3　虎林方言功能的衰退

我们通过问卷调查和访谈考察虎林方言的功能，结果显示其功能处于衰退中。从方言的使用域看，在市区新、老派在公共场所均较少使用虎林方言，除伟光镇、忠诚镇和新乐乡几个乡镇外，虎林其他乡镇的新派发音人，特别是

20 岁以下的青年人，在日常交际中基本不使用虎林方言，普遍使用东北官话。虎林方言使用范围日趋狭窄，功能在萎缩，当其使用功能极度萎缩时这种方言就有可能成为濒危方言。

5.3.1 不同乡镇青年发音人方言使用情况

课题组成员通过问卷对 43 位来自不同乡镇、18~25 岁的青年发音人进行抽样调查。调查采用与前文在大连、东港的方言使用域调查中相同的问卷，结果见表 5-5：

表 5-5 虎林方言不同地方的青年人使用情况

	家庭生活	学校使用	公共场所	与本地人交谈	与外地人交谈
虎林市区	东北官话	东北官话	东北官话	东北官话	东北官话
宝东镇	虎林方言	虎林官话	东北官话	虎林方言	东北官话
虎头镇	东北官话	东北官话	东北官话	东北官话	东北官话
忠诚镇	虎林方言	虎林方言	虎林方言	虎林方言	东北官话
东方红镇	东北官话	东北官话	东北官话	东北官话	东北官话
新乐乡	虎林方言	虎林方言	虎林方言	虎林方言	东北官话
伟光镇	虎林方言	东北官话	东北官话	虎林方言	东北官话
珍宝岛镇	东北官话	东北官话	东北官话	东北官话	东北官话
阿北镇	东北官话	东北官话	东北官话	东北官话	东北官话
杨岗镇	东北方言	东北官话	东北官话	东北官话	东北官话
迎春镇	东北方言	东北官话	东北官话	东北官话	东北官话
东风镇	东北官话	东北官话	东北官话	东北官话	东北官话

由表 5-5 可知，目前虎林方言在年轻人中主要在家庭域和个人交往域中使用，并且仅限于伟光、忠诚、新乐、虎头几个乡镇。在公共场所以及与外地人交往时调查人使用东北官话。据此，我们可以将不同乡镇分为方言消失型和方言保留型两种。方言消失型的乡镇新派发音人已基本不使用虎林方言，方言保留型的乡镇新派发音人处于双方言状态，与本地人交流用虎林方言，与外地人交流用东北官话。详见表 5-6：

表 5-6　虎林方言的两种类型

类型	地理分布	比例
方言消失型	虎林镇、东方红镇、迎春镇、虎头镇、杨岗镇、东诚镇、珍宝岛乡、阿北乡、小木河乡	69%
方言保留型	伟光镇、忠诚镇、新乐乡、宝东镇	31%

70%左右的乡镇年轻人在交际中基本不使用虎林方言，方言的使用功能已渐趋消失。调查中不少发音人表示能听懂虎林方言，但家里只有父母或祖父母一辈的老年人说虎林方言，自己不愿意说虎林话，这就意味着虎林方言失去了活力，在上述乡镇只限于部分中老年人在日常交际中使用，可以认为这些乡镇的虎林方言已经发生了语言转用，虎林本地方言正趋于消失。

从地理分布看，属于方言保留型的 4 个乡镇都在虎林市周围，分布集中，属于方言消失型的乡镇则分布较为分散，多是新中国成立以后人口才逐渐增加的新建乡镇。

5.3.2　移民家庭中几代人方言使用情况的比较

笔者对虎林的伟光村进行了个案调查，伟光村在虎林东部的虎头镇内，村民大部分为辽宁东港的移民。[①] 伟光村的个案访谈显示了虎林方言的代际传承情况。具体如下：

个案一：访谈对象为村干部包××的家庭成员。该家庭为辽宁东港移民家庭，共 5 口人，包××与爱人、孩子和自己的父母同住。访谈信息见表 5-7：

表 5-7　个案一基本信息

访谈对象	性别	年龄	文化程度	使用语言
A	女	35 岁	中专	虎林方言、东北官话
B	男	37 岁	中学	虎林方言、东北官话
C	女	60 岁	文盲	虎林方言
D	男	65 岁	小学	虎林方言
E	男	7 岁	小学	普通话

这个家庭里使用虎林方言、东北官话和普通话三种语言/方言，包××的

① 参见亓海峰：《虎林方言濒危趋势的个案研究》，《南开语言学刊》2011 年第 1 期。

父母调查人 C、D 都是辽宁东港的第二代移民，早期随“闯关东”的父辈到虎林，他们说地道的虎林方言，带有浓重的东港口音。调查人 A（包××）和调查人 B（包××的丈夫）在村委工作，他们是双方言者，对家人说虎林话，在工作中说东北话，调查人 D 只有 7 岁，能听懂虎林话，但自己不说，只说普通话。

个案二：访谈对象为辽宁东港的移民家庭，四代人同住，共 6 口人，祖母是第一代移民，1900 年移民到虎林。访谈信息见表 5-8：

表 5-8　个案二基本信息

访谈对象	性别	年龄	文化程度	使用语言
A	女	85 岁	文盲	虎林方言
B	男	55 岁	小学	虎林方言
C	女	54 岁	文盲	虎林方言
D	男	30 岁	中专	虎林方言、东北官话
E	女	28 岁	中学	东北官话
F	男	3 岁	—	东北官话

个案二中调查人 A 是第一代移民，年轻时逃荒到虎林，跟调查人 B（A 的儿子）一家生活在一起，调查人 A、B、C 在日常交际中都只说虎林方言，D（A 的孙子）30 岁，说虎林话和东北话两种方言，E（孙子媳妇）是吉林人，说东北官话，F（重孙子）只有 3 岁，说东北官话。在这个家庭中孙子媳妇使用的方言是东北官话，孙子跟孙媳妇说话时也用东北官话，特别是重孙子从小学的不是虎林方言，而是东北官话，这就反映出东北官话在这个家庭中的地位更高，语言更有活力。

个案三：这家是山东移民家庭。全家共 6 口人，祖父母都是山东移民，来自山东平度。访谈信息见表 5-9：

表 5-9　个案三基本信息

姓名	性别	年龄	文化程度	使用语言
黄××	女	85 岁	文盲	平度方言
张××	男	83 岁	小学	平度方言
张××	男	54 岁	中专	东北官话
王××	女	50 岁	文盲	东北官话

续表

姓名	性别	年龄	文化程度	使用语言
张××	男	28 岁	中学	东北官话
李××	女	24 岁	中学	东北官话

在这个家庭中，除了祖父母作为第一代移民使用胶东方言外，子女都是用东北官话，调查中我们也问及发音人村里其他几家来自山东的移民家庭语言的使用情况，他们表示情况类似，说明从第二代移民开始就放弃使用父辈的方言转而使用东北官话了。

三个家庭个案访谈的结果显示，虎林方言即使在虎林腔最典型的伟光村，其使用范围也在缩小，在伟光村大部分中青年都是双方言使用者，村里的青少年已很少使用方言。

5.3.3　伟光村语言态度的走访调查

我们通过家庭走访和在公共场所随机访谈的形式对伟光村村民的语言态度进行了调查。

调查中设计了 6 个有关语言态度的问题，分别是：

1. 您最喜欢的话是什么？
2. 您愿意学虎林腔吗？
3. 您希望您的孩子学虎林腔吗？
4. 您希望您的孩子跟您说同样的土话吗？
5. 您觉得自己的土话、虎林腔和东北话跟人交流时，哪一种话会比较亲切？
6. 您希望“虎林腔”一代代传下去，还是顺其自然、无所谓甚至消失掉？

首先，我们对四位本村的老人进行了访谈，这四位老人都是移民而来，分别来自辽宁的东港、丹东，山东的平度和胶东地区，年龄都在 65 岁到 70 岁之间。

在访谈中，这几位老人都认为自己的“土话”最亲切，但是对下一代的语言传承问题态度明显不同。来自辽宁东港和丹东的老人表示仍希望下一代说“土话”，也就是所谓的“虎林腔”。而来自山东的两位老人都表示不希望自己的下一代学说“土话”，因为孩子在虎林长大，说很土的山东话别人会笑话，容易听不懂，也容易受人欺负，所以他们的子女来到虎林以后都不学山东话。

同时，几位老人都表示现在“虎林腔”变味了，年轻人在村里务农的越来越少，而且都喜欢说东北话了。

我们在公共场所随机进行的调查与个别访谈的结果相似，当地人对虎林方言的态度比较复杂，老人们虽然对自己的土话还有感情，但是却更希望下一代说东北话。虎林作为一个移民城市，它的人口来源比较复杂，加上处于东北官话的包围中，方言难以保留。伟光村是一个人口相对集中和稳定的村落，虽然与虎林市区相比，伟光村的方言消失得比较慢，但是从我们的调查中还是可以看出当地人对虎林话的前景并不乐观，而且没有强烈的保留本地方言的愿望。特别是那些山东移民家庭，调查人都认为虎林腔太土，生活在东北地区，他们不希望子女所说的话被人笑话，所以孩子出生以后虽然能听懂父母的方言，但是并不使用父辈的方言。还有些山东移民虽然是第一代移民，但是来到虎林以后，为了跟周围的人交流，口音发生了较大的变化。

语言态度对语言的传承有很大的影响，特别像虎林这种方言正处于衰变中的地区。虎林年轻人语言使用域的调查、语言态度以及语言传承的调查都反映出虎林方言明显失去了活力，使用人口在迅速减少，使用地域和使用范围都越来越小，方言处于衰变之中。

5.4 虎林方言衰变的过程及原因

从虎林功能的衰退和结构的变异看，虎林方言已经处于严重的萎缩状态。那么虎林方言是否是一种濒危方言呢？如果它是濒危方言，原因何在呢？我们进一步对上述问题进行分析。

5.4.1 濒危语言（方言）的界定和评估标准

曹志耘较早提出濒危方言的概念，认为使用人口非常少，处于强势方言包围中的弱势方言岛或者在两种方言交接地带逐渐被强势方言蚕食的弱势方言是濒危方言，并指出濒危方言是与濒危语言相类似的现象，在汉语中存在濒危方言。方言的消亡影响到社会生活的各个方面，需要引起人们的高度重视。[①] 戴庆厦进一步指出濒危语言与弱势语言之间的关系和区别，弱势语言和濒危语言

---

① 参见曹志耘：《关于濒危汉语方言问题》，《语言教学与研究》2001 年第 1 期。

是两个不同的概念，但具有密切的关系。弱势语言容易演变成濒危语言，濒危语言必然是弱势语言。[①]

对于濒危语言的评估标准目前在国内并没有一致的说法，主要是使用的标准不一。联合国教科文组织报告《语言活力与语言濒危》指出，正在走向消亡的语言即濒危语言，语言活力的主要评估指标有 9 项，它们分别是："（1）代际语言的传承；（2）语言使用者的绝对人数；（3）语言使用者占总人口的比例；（4）现存语言使用域的走向；（5）对新语域和媒体的反应；（6）语言教育材料与读写材料；（7）政府和机构的语言态度和语言政策（包括语言的官方地位和使用）；（8）语言族群成员对母语的态度；（9）语言记录材料的数量和质量。"[②]

戴庆厦认为界定一种语言是否濒危不能只依据静态的使用人口，也应该看语言功能的动态演变，应当"以量化的多项综合指标体系为依据来判定一种语言是否是濒危语言"，所谓综合指标体系"应该是与语言功能相关的诸种因素，包括语言的使用人口、使用功能、使用范围、使用频率等"。[③]

胡萍（2018）在湘西平话的调查中，结合代际语言的传承、语言使用域的走向、语言使用人口占总人口的比例、族群成员对母语的态度等对湘西南苗族平话的活力进行评估，并从语言本体的角度对平话本身语言结构的衰退进行讨论，从功能和语言结构两个方面对湘西平话的濒危状态进行了评估。

上述学者对濒危语言的界定和评估基本上都是着眼于语言的功能和使用人口的分布、数量，对语言结构本身的衰变关注不够。我们赞成上述学者的看法，认为可以结合语言活力和语言结构两方面的指标来判断一种语言是否濒危，语言结构的严重变异就是濒危语言或方言出现的前奏，在濒危方言和濒危语言的研究中，对其结构变迁的研究应该成为不可或缺的重要内容。

5.4.2　对虎林方言的评估

从我们所调查的虎林方言看，它作为一种移民方言，内部各地的移民方言相互融合、趋同，外部又处于优势方言——东北官话的包围中，语言结构在几代人之间就发生了比较明显的变化，从新派语音、词汇和语法结构与老派的差异和变化方向可以明显看出其方言特征越来越接近东北方言，胶辽官话的特点越来越弱。

---

① 戴庆厦：《中国濒危语言研究面临的几个理论问题》，《中国社会语言学》2004 年第 1 期。

② 联合国教科文组织：《语言活力与语言濒危》，范俊军等译，《民族语文》2006 年第 3 期。

③ 戴庆厦：《中国濒危语言研究面临的几个理论问题》，《中国社会语言学》2004 年第 1 期。

从语言功能看，虎林方言的语域和代际传承都处于衰变中。联合国教科文组织把语言的语域与功能分为6级，其中：3级，正在收缩的语域，该语言用于家庭以及其他诸多功能，但是强势语言已经开始渗入家庭；2级，有限或正式的语域，该语言使用的社会域有限，功能亦有限；1级，非常有限的语域，该语言只用于有限的语域，功能甚少；0级，灭绝。[①] 从虎林方言的语域和功能看，它应处于2级和1级之间。

代际传承也是语言活力的重要评估指标之一，根据语言的濒危程度将代际传承情况分为6个等级，其中“该语言大多由父辈或更上代人使用”定为“确有危险”，濒危程度是3级。[②] 从虎林方言个案访谈和问卷的情况看，村里的年轻人，特别是儿童使用虎林方言的越来越少，这些都是一种方言失去活力、濒危的迹象。我们可以认为虎林方言处于濒危状态，语言缺少活力。

综合虎林方言结构和功能的变异特点，可以认为虎林方言是一种面临濒危的方言，虽然现在还没有消失，但是已经处于明显的消亡之中，是一种比较危险的衰变方言。

5.4.3 虎林方言趋于濒危的特点及原因

曹志耘认为方言的消变有渐变型和突变型两种，并以浙江九姓渔民的方言为例描写了突变型的濒危方言。[③] 从虎林方言消变的情况看，我们认为虎林方言的变化处于渐变之中，这种变化如同染色一样，正从使用范围到结构特点逐渐被强势方言蚕食、取代。虎林方言的变化大概发生在三、四代人之间，至今还没有完成，但是我们可以明显地看出这个方言岛处于很危险的境地，大概在随后的几十年间就会消失在东北官话的汪洋大海中。

从方言特征的变化看，虎林方言特征的衰变从语法到词汇到语音逐渐地变化，使现在的虎林方言在语法结构与东北官话相同，语音上与胶辽官话相似，词汇则融合了胶辽官话和东北官话的部分方言词。一般认为语言结构最为稳定，变化最慢，语音次之，词汇变化最快，但从虎林方言特征的变异看，似乎语法结构的变化更早。这一调查结果在濒危方言的研究中是否带有普遍性我们尚不能确定，但从个案研究的角度看，至少可以说明语言接触所导致的方言的濒危过程和濒危机制有其独特之处。

从方言使用人口和使用范围看，虎林方言的使用人口和使用范围都在逐步

---

① 参见胡萍：《语言接触与湘西南苗瑶平话调查研究》，岳麓书社2018年版，第238页。

② 参见联合国教科文组织：《语言活力与语言濒危》，范俊军等译，《民族语文》2006年第3期。

③ 参见曹志耘：《关于濒危汉语方言问题》，《语言教学与研究》2001年第1期。

缩小、减少。这种变化正在发生，体现为分布地域从城市到农村的逐步萎缩、使用范围从社会交往域到家庭域的逐步缩小、使用人口从其他地区来源的移民到辽宁地区来源移民的逐步减少、从青年人到中年人的逐步变化等。

总之，虎林方言的消失有个长期渐变的过程，在这个过程中我们可以看到虎林方言受到东北官话的侵蚀、影响，语法、词汇、语音等方面的方言特征从浅层到深层不断被磨蚀，使虎林方言与东北官话越来越接近。同时，它的使用地域和使用范围也不断受到东北官话的侵蚀，我们或可预测再过几十年虎林方言会完全融入东北官话的阵营中，作为一个胶辽官话的方言岛会消失。

黑龙江站话的消变也经历了方言个性逐渐削弱的过程，“由于站话与‘民人话’同属官话，差别较小，站人与民人使用各自的方言进行交流时不存在通话困难，因此民人话之于站话，往往不是采取全盘取代的方式，而是蚕食其方言个性，日积月累，在不知不觉间使得站话变得面目全非，与民人话越来越接近了，这种蚕食方式模糊了两种方言之间的分歧，与全盘取代方式一样会把方言置于濒危的境地”①。我们认为虎林方言与站话一样都是一种渐变型的濒危方言。

从语言接触的角度看，虎林方言的消变是由岛内、外双重因素所致。从岛内的情况看，虎林作为一个移民占绝大多数的混居地，很容易发生方言的趋同，同时岛内人口的变迁和流动比较快，岛内移民为了交际，数量较少的来自同一地域的移民缺少语言安全感，往往自动放弃自己的方言，与周边的人在语言使用上相妥协。如果两种或几种方言势均力敌，也许会形成深度混合的方言，不过在虎林由于东北话处于优势地位，所以在岛内山东、河北或其他地区的移民多放弃自己的方言转用东北方言。

从岛外的情况看，虎林处于东北官话的包围中，几乎整个黑龙江地区都在使用东北官话，虎林方言明显是一种弱势方言，这种弱势方言长期与东北官话接触，不断受到东北官话的影响，逐渐被蚕食，最终成为濒危的方言。“接触中的语言或方言如果出现了强势和弱势的层阶，就会有双方言或双语现象出现，甚至可以有多方言或多语现象出现。”② 汉语濒危方言是在母方言转换过程中形成的，主要出现在孤岛方言的条件下。陈保亚认为，产生群体母方言转换大致需要两个条件：一是两个相互接触的方言通常不直接对话，其中某个群体出现双方言现象，形成方言的层阶；二是低阶方言分布在和源方言失去联系

① 陈立中：《黑龙江站话研究》，中国社会科学出版社 2005 年版，第 18 页。

② 陈保亚：《从接触看濒危方言、濒危特征和濒危机制》，《长江学术》2006 年第 1 期。

的方言岛。[1] 虎林方言岛的濒危就是长期在东北官话影响下的弱势方言最终发生方言转用形成的。

当然，方言岛移民的语言态度也是影响方言岛变化的一种重要因素。从我们前面章节的调查结果看，虎林当地居民没有强烈的保留虎林土话的意识，他们对东北官话有比较一致的认同感，这样就容易带来群体中的语言转用现象。

综上，虎林作为一个胶辽官话的方言岛，在东北官话持续而强大的影响和岛内多来源移民混居的影响下，方言已失去活力，方言个性逐渐消失，与东北官话的区别日益模糊，最终会走向消失。

① 参见陈保亚：《从接触看濒危方言、濒危特征和濒危机制》，《长江学术》2006 年第 1 期。

第六章　方言接触与方言变异的探析

语言的变异性是语言的基本属性，语言系统作为一个有序异质的结构体，其变异和变化的研究早已引起语言学者的关注，正如美国语言学家爱德华·萨丕尔（Edward Sapir）所说，“谁都知道语言是可变的。即使是同一代、同一地、说一模一样的方言、在同一社会圈子里活动的两个人，他们的说话习惯也永远不会是雷同的”[①]。语言（方言）处于不断的变化中，方言的变化既包括系统内部从一个发展阶段到另一个发展阶段的演化，也包括从方言的中心地带到边远地区的逐步扩散。[②] 前者的变化是系统内的演变，后者的变化是不同系统之间在语言接触的影响下发生的演变，但在实际的语言变化中两者往往相互交织。方言之间地域的差异可以反映在同一方言点内部新老派的变异中，同时不同时间层次的语言变化也可以投映在共时的语言变异中。

我们从地理差异对山东地区胶辽官话、东北地区胶辽官话进行对比，从年龄差异对东北地区胶辽官话的历时变化进行调查，从而将其作为一个整体对东北地区胶辽官话的时空变异进行研究。

地理差异和年龄差异的调查分析均发现语言系统内和系统外的双重影响会使方言的变异显得混乱无序，但正是这种表面的无序和各种例外给我们提供了发现语言变异的窗口。我们在对胶辽官话的地理变异和社会变异进行比较、分析的基础上，对方言变异的特点、规律和原因进行探析。

---

① ［美］爱德华·萨丕尔：《语言论——言语研究导论》，陆卓元译，陆志韦校订，商务印书馆1985年版，第132页。

② 参见张维佳：《演化与竞争——关中方言音韵结构的变迁》，陕西人民出版社2005年版，第25页。

6.1 东北地区胶辽官话时空变异原因的思考

胶辽官话分布在山东、辽宁、吉林和黑龙江四省，分布的地理范围很大，东北地区的胶辽官话，由于层次较新，又处于东北官话和朝鲜语、蒙古语等少数民族语言的接触中，变异速度很快。那么，方言变异是什么原因引起的呢？

语言（方言）本身是一个极其复杂的系统，系统内各部分之间存在着相互制约的关系，“语言的结构是一个多层级的系统，各个层级中的各个组成成分又相互关联，正是由于这个特点，语言结构系统内部任一个成分的变化，都可能引起其他成分的变化……传统语言学也正是用这种连锁式的变化去解释语言变异的成因”[①]。同时语言系统的各个组成部分之间的发展变化又具有一定的不平衡性，这种不平衡性使语言系统内部充满了矛盾，也会推动着语言系统不断调整，出现变异。语言系统内部的调整所引起的变异在胶辽官话中并不少见，比如胶辽官话登连片方言中普遍存在的“蟹止山臻”四摄“u”介音的丢失与音系的调整关系很大。除了系统内部的因素外，系统外部因素的影响也会起到很重要的作用，其中语言接触、社会文化心理等都是引起语言变异的重要因素。

（1）语言接触的影响

接触与变异无处不在，不同语言或方言之间的接触是影响语言变化的一种非常重要的因素。“方言接触是指不同的方言相互接触、影响、渗透”[②]，不同方言之间的接触最常见的是移民方言和土著语言之间的深度融合，以及相邻方言之间的长期渗透。

辽宁、吉林和黑龙江三省的胶辽官话是伴随着山东人“闯关东”的移民过程而形成的，移民方言与当地的土著方言在较长的时间内一直相互接触、相互竞争，造成了程度不一的方言变异。从我们调查的东港、虎林、大连、长白等地方言的情况看，方言之间的接触造成的变异在东北地区的胶辽官话中非常明显和深刻。

除了方言之间相互接触、相互渗透外，普通话对胶辽官话的影响也很重要，普通话作为一种权威语言通过教育、媒体等途径来影响方言，已经成为方

---

① 陈松岑：《语言变异研究》，广东教育出版社 1999 年版，第 145 页。

② 游汝杰：《汉语方言学导论》，上海教育出版社 2000 年版，第 162 页。

言变异的重要影响因素。普通话对胶辽官话的影响很显著，特别是在城市的新派发音人中，我们通过年龄分层的调查发现，25 岁以下的年轻人和学龄儿童基本都是熟练的双语者，而且我们还发现，在农村的一些中小学中，学龄儿童在教育域和家庭域中使用普通话的比例，与城镇的儿童相比并无明显差异。

一般认为词汇是语言系统中变化最快的部分，也是语言接触最容易带来变化的部分，语音次之，语法是语言系统中最稳定的部分，也是语言接触中最不易发现的。但是通过我们的实地调查发现，语言接触中最易起变化的部分往往是方言（语言）之间差异比较明显的部分，并不一定局限于语言的某个子系统内，语音的变化甚至语法的变化有时都会更为明显。

（2）语言态度的影响

语言接触是语言变异的外因，语言使用者内在的语言心理、语言态度则会直接影响到对语言形式的使用和选择，导致语言的变异。

刘虹在大连方言的调查中发现“在大连市，人们对普通话的评价普遍高于本地方言。这种语言态度使人们注意学说普通话。……人们的语言态度会影响语言的演变。大连人的语言态度使大连话的部分语音变项正向普通话方向演变”①。高玉娟在大连青年人语言态度的调查中还进一步发现，虽然大连年轻人对普通话的评价较高，但是大连话在亲切性、亲和力方面高于普通话，普通话显在声望高于大连话，大连话的潜在声望很高。② 高玉娟的调查结果显示，大连方言正处于既希望向普通话靠拢又希望保留自己特色的矛盾发展状态。

我们在方言变异的调查中选择了大连、东港和虎林进行调查，结果发现在年轻人中普通话的显在声望都比较高，但对当地方言的态度有较大的差异。

虎林作为一个移民方言岛，其形成和发展有特殊的背景，当地人对山东方言（移民方言）和“虎林腔”评价比较低，更喜欢东北话，多认为虎林方言土气，怕被人笑话，即使是老一代移民，虽然对自己的土话有很深的感情，但还是希望自己的子孙说东北话或普通话以融入当地的生活。这种语言态度加速了虎林方言的变化，虎林方言在两三代人内就出现了衰变之势。

东港位于辽宁省，胶辽方言和东北方言的过渡地带，东港人的语言态度比较复杂，他们对东北话和东港话的评价具有多样性的特点。多数老年人认为东北话虽然不好听，但是有用，东港话好听、亲切；年轻人认为东港话口音重、有“海蛎子味”，周围的丹东话虽然轻巧，但是他们对丹东人评价不高，所以也不喜欢丹东话，在实际的语言使用中年轻人更喜欢说普通话。相对于山东地

① 刘虹：《语言态度对语言使用和语言变化的影响》，《语言文字应用》1993 年第 3 期。

② 参见高玉娟：《大连方言声调研究》，辽宁师范大学出版社 2007 年版，第 208 页。

区的胶辽官话，东港方言的变化更快，东港方言鲜明的方言特色正在受到磨损，它渐趋成为登连片方言和盖桓片方言之间的一种过渡性方言。

大连位于辽东半岛的最南端，是东北地区经济文化较为发达的城市，其与山东半岛隔海相望，是历史上山东移民“闯关东”北迁的第一站。大连话与山东地区胶辽官话的关系较为密切，大连话具有明显的胶辽官话特点，与周边东北官话有较大差异。但大连人对本地话的语言态度较为积极，对大连话有较高的认同，在年轻人心中大连话有较高声望，大连话在日常生活和非正式场合使用频率很高，相对于东北官话，具有胶辽官话特色的大连话更具优势。这种积极的语言态度使大连方言较有活力，较之东港方言和虎林方言，大连方言的特征相对稳定。

6.2 东北地区胶辽官话变异的方式和方向

不同方言之间变异的速度、程度存在差异，但在语言接触的影响下，方言变异的途径和方向有一定的共性。我们在胶辽官话的调查中发现，简化、混合、双向扩散和回头式演变在方言变异中具有一定的典型性。

(1) 合并、简化

合并造成的简化在语言变异中常常发生。在不影响言语交际的情况下，去繁就简是语言结构经济性的要求。音系简化、词汇合并、句法简化在胶辽官话的变异中屡见不鲜。比如胶辽官话中尖团音由分到合的变化在不少方言点中发生，东港方言中古“知庄章”声母的读法由三分、两分逐步到只有舌尖音一种读法等。

(2) 成分借用

不同方言之间相互接触、相互渗透，劣势方言往往会借用优势方言的结构成分，造成方言结构成分的混合。成分的借用可以发生在语音、词汇等不同的层面。

结构成分的借用在胶辽官话中普遍存在，胶辽官话和东北方言是两种差异性不大的方言，这两种方言长期接触、结构成分互相借用的情况比较复杂，较难觉察，其中，词汇的借用和语音的借用最为常见。在方言接触中，处于劣势的一方会借用优势方言（或目标语）的结构成分，但我们发现直接使用优势方言（目标语）的结构成分“移花接木”的情形并不多见，借用的成分往往要经过自身语言系统的改造。

（3）双向扩散

双向扩散在方言变异中也时有发生。连金发指出潮州方言的声调在不同方言的影响下形成了双向扩散的演变方向①，我们在调查中发现双向扩散也存在于胶辽官话的变异中，比如招远、莱阳、牟平、大连等地方言中次浊平声的分化就是在不同力量的影响下发生的双向扩散。

（4）回头式演变

何大安提出“回头式演变”是语言演变中一种特殊的演变方向②，我们在调查中发现语言的变异与变化中常会发生“回头式演变”，这种变化并不是简单的循环演变。在我们的调查中东港方言声、韵、调都存在“回头式演变”，这种演变在新派发音人中以一种无序状态存在，与语言接触有直接关系。

虽然貌似相同的变化在不同的历史阶段重现，但是变化背后产生的原因往往是不同的，比如东港方言声调在一定时期由四个单字调简化为三个单字调，现在年轻人又重新出现了四个单字调的读法，前者主要受到声调系统自身的调节，后者更多受到了东北方言或权威语言——普通话的影响，是外部接触造成的。东港方言新派发音人“蟹止山臻”四摄端系字合口呼“u”介音由丢失到增生也是一种回头式音变，新派“u”介音的增生则是最近十几年在普通话和东北方言的影响下出现的一种新变化。

6.3　方言变异的结果

语言接触的程度不同所造成的语言变化的结果也不同，东北地区胶辽官话中的方言接触造成的变异结果主要体现为：方言特征的混合、方言特征的衰变、方言使用的濒危。

游汝杰提出方言特征混合可以造成“合璧词”，“合璧词”指一个双音节合成词的两个语素分别来自不同的语言或方言，“合璧词”是方言混合在词汇层面上的体现③，比如官话方言中的“咳嗽”“池塘”“寻找”“光亮”“绳索”等都是合璧词。在我们所调查的东港方言中，不少地名就是合璧词。不

---

① Lien, Chinfa（连金发），“Bidirectional Diffusion in Sound Change Revisited”, *Journal of Chinese Linguistics*, 1993, Vol. 21, No. 2, pp. 255-276.

② 参见何大安：《规律与方向——变迁中的音韵结构》，北京大学出版社 2004 年版，第 35 页。

③ 参见游汝杰：《合璧词和汉语词汇的双音节化倾向》，《东方语言学》创刊号，上海教育出版社 2006 年版，第 140~151 页。

同方言音系的混合也是语言结构成分的混合中常发生的，比如东港方言的语音就有混合音系的性质，胶辽官话登连片是东港方言的基础，在方言发展中又不断吸收东北官话的特征，同时持续受到普通话的影响，现在的东港话音系兼具胶辽官话、东北方言和普通话的特征。随着方言之间接触程度的不断加深，两种方言之间在语音、词汇等不同层面互相融合，会形成混合性方言。

在我们所调查的方言点中，东港方言具备了混合性方言的特征，东港方言是胶东方言、东北官话和普通话相互融合的混合性方言。另外，据我们的调查了解，在东北地区还有一些方言点的情形与东港方言类似，比如鞍山方言、营口方言，它们都兼有东北话和胶辽官话的特色，限于篇幅，鞍山、营口等地方言点的情况在此不再赘述。

在方言接触中，如果一种方言的优势非常明显，并且长期持续不断地影响另一种方言，就会使弱势方言逐渐萎缩，造成方言特征的衰变，甚至成为濒危方言。

在本书中，虎林方言岛已经走向衰变，出现了濒危的趋势。虎林方言作为胶辽官话的方言岛，处于东北官话的包围中，方言使用域不断缩小，方言的特征严重磨损，特别是在市区虎林方言几乎不在公共场所使用，只限于在少数人的家庭生活中使用。在郊区，虎林方言的代际传承也面临问题，儿童很少学习虎林方言，也许在几十年之后虎林方言就会完全濒危乃至消失，被东北方言替代。像虎林方言这种情况在方言孤岛时有发生。方言岛是方言接触中最容易起变化的一种类型，当岛内外方言差异不明显的情况下，岛内方言常以渐变的方式逐渐磨损，当岛内外方言差异明显的情况下，岛内方言也许会在短短几十年内突变，被岛外方言吞噬。

胶辽官话方言接触中的几种结果也代表着方言接触的几个阶段，方言接触的早期阶段一般以成分借用的形式发生，进一步接触会带来方言之间的混合，方言接触的最终阶段会带来方言的濒危和转用，使方言从结构到功能都发生变化。

6.4 余论

从胶辽官话的发展来看，胶辽官话的分化是伴随着移民北迁形成的，胶辽官话分化为登连片、青莱片和盖桓片三个小片以后，在山东、辽宁、吉林、黑龙江四地形成了大范围的分布，随着普通话的普及和方言之间的深度接触，四地的胶辽官话都处于变异中，在方言过渡地带出现了混合型方言，在孤岛地带形成了方言的濒危。可以说胶辽官话的演变是在方言分化和融合、衰变和新生的交互作用下不断进行的。

胶辽官话的形成、发展、变异在汉语方言中具有一定的典型性，它为我们研究汉语方言的发展演变提供了一个较好的样本。

汉语其他地区方言的形成和分化也与历代移民的浪潮相伴而生，移民带来的地理的隔离或者社会的分化都可能导致方言的分化，“现代南方的八大方言：吴语、湘语、闽语、粤语、赣语、客家话、平话、徽语，都是由北方的华夏族或后来的汉族人民向南方迁徙发其端的”①。自秦汉以来的两千年间北方汉人不断南迁，历代的大规模移民给南方地区带去了不同时期的北方方言，它们与南方的土著语言相互接触，发展形成了差异很大的南方方言。

方言形成之后，一方面自己在缓慢地演变；另一方面受外部因素的影响，外部的接触可能带来方言之间的融合，在与其他方言不断接触的情形下，差距逐渐缩小，邻近方言又在不断地融合。

近几十年间，方言的变化尤为急剧，在普通话的影响下方言的融合比分化更显著，方言的衰变和转用比方言的创新和新生更普遍。“各地方言的自创性演变（自我演变）逐渐停止下来，而改为以普通话或强势方言为方向的演变。”②

可以说，汉语方言的历史演变就是在内部系统的调整和移民、语言接触的影响下，不断变化、竞争、衰变和新生的过程，现在汉语方言正朝着趋同和融合的方向加速变化。

---

① 游汝杰：《汉语方言学教程》，上海教育出版社 2004 年版，第 21 页。

② 曹志耘：《汉语方言：一体化还是多样性?》，《语言教学与研究》2006 年第 1 期。

参考文献

一、专著

1. 曹聚仁：《万里行记》，生活·读书·新知三联书店2000年版。

2. 陈立中：《黑龙江站话研究》，中国社会科学出版社2005年版。

3. 陈松岑：《语言变异研究》，广东教育出版社1999年版。

4. 高玉娟：《大连方言声调研究》，辽宁师范大学出版社2007年版。

5. 何大安：《规律与方向——变迁中的音韵结构》，北京大学出版社2004年版。

6. 侯精一：《现代汉语方言概论》，上海教育出版社2002年版。

7. 胡萍：《语言接触与湘西南苗瑶平话调查研究》，岳麓书社2018年版。

8. 李德滨、石方、高凌：《近代中国移民史要》，哈尔滨出版社1994年版。

9. 李新魁：《〈中原音韵〉音系研究》，中州书画社1983年版。

10. 刘德增：《闯关东——2500万山东移民的历史和传说》，山东人民出版社2008年版。

11. 刘俊一：《胶东话四声变三调的现状和趋势》，钱曾怡、李行杰主编：《首届官话方言国际学术研讨会论文集》，青岛出版社2000年版。

12. 娄华荣：《日照方言研究》，香港教育出版社2004年版。

13. 路遇：《清代和民国山东移民东北史略》，上海社会科学院出版社1987年版。

14. 戚晓杰：《明清山东方言背景白话文献特殊句式研究》，中国社会科学出版社2007年版。

15. 钱曾怡主编：《山东方言研究》，齐鲁书社2001年版。

16. 钱曾怡主编：《汉语官话方言研究》，齐鲁书社2010年版。

17. 钱曾怡：《钱曾怡汉语方言研究文选》，山东大学出版社2008年版。

18. 王福堂：《汉语方言语音的演变和层次》，语文出版社2005年版。

19. 王士元：《王士元语言学论文集》，商务印书馆 2007 年版。

20. 薛凤生：《中原音韵音位系统》，北京语言学院出版社 1990 年版。

21. 杨耐思：《中原音韵音系》，中国社会科学出版社 1981 年版。

22. 游汝杰、邹嘉彦：《社会语言学教程》（第三版），复旦大学出版社 2016 年版。

23. 游汝杰：《汉语方言学导论》，上海教育出版社 2000 年版。

24. 游汝杰：《方言接触和上海话的形成》，邹嘉彦、游汝杰主编：《语言接触论集》，上海教育出版社 2004 年版。

25. 游汝杰：《汉语方言学教程》，上海教育出版社 2004 年版。

26. 张鸿魁：《明清山东韵书研究》，齐鲁书社 2005 年版。

27. 张树铮：《清代山东方言语音研究》，山东大学出版社 2007 年版。

28. 张维佳：《演化与竞争——关中方言音韵结构的变迁》，陕西人民出版社 2005 年版。

29. 中国科学院语言研究所：《方言词汇调查手册》，科学出版社 1955 年版。

30. 周振鹤、游汝杰：《方言与中国文化》，上海人民出版社 1997 年版。

31. 邹嘉彦、游汝杰主编：《语言接触论集》，上海教育出版社 2004 年版。

32. ［美］爱德华·萨丕尔：《语言论——言语研究导论》，陆卓元译、陆志韦校订，商务印书馆 1985 年版。

33. ［美］史皓圆、顾黔、石汝杰：《汉语方言词汇调查手册》，中华书局 2006 年版。

34. William Labov, *Sociolinguistic Patterns*, Philadelphia: University of Pennsylvania Press, 1972.

35. William Labov, *Principles of Linguistic Change*, *Vol.2*: *Social Factors* (*Language in Society*), Oxford: Blackwell Publishers, 2001.

二、期刊论文、会议论文、学位论文

1. 曹志耘：《关于濒危汉语方言问题》，《语言教学与研究》2001 年第 1 期。

2. 曹志耘：《论方言岛的形成和消亡 ——以吴徽语区为例》，《语言研究》2005 年第 4 期。

3. 曹志耘：《汉语方言：一体化还是多样性?》，《语言教学与研究》2006 年第 1 期。

4. 陈保亚：《从接触看濒危方言、濒危特征和濒危机制》，《长江学术》2006 年第 1 期。

5. 戴庆厦、田静：《语言的外部影响与内部机制》，《民族语言》2007 年第 4 期。

6. 戴庆厦：《中国濒危语言研究面临的几个理论问题》，《中国社会语言学》2004 年第 1 期。

7. 高玉娟：《大连方言五项语音变化的社会语言学分析》，《南开语言学刊》2005 年第 1 期。

8. 宫钦第、栾瑞波：《山东莱阳话的几种语音屈折形式》，《中国语文》2010 年第 2 期。

9. 贺巍：《东北官话的分区（稿）》，《方言》1986 年第 3 期。

10. 洪小熙：《山东东区东莱片方言的再分区》，《方言》2008 年第 2 期。

11. 忌浮：《〈中原音韵〉的调值》，《语言研究》1986 年第 2 期。

12. 黎新第：《〈中原音韵〉清入声作上声证》，《古汉语研究》1992 年第 4 期。

13. 黎新第：《〈中原音韵〉“入派三声”析疑》，《重庆师院学报》（哲学社会科学版）1987 年第 4 期。

14. 李荣：《官话方言的分区》，《方言》1985 年第 1 期。

15. 李荣：《汉语方言分区的几个问题》，《方言》1985 年第 2 期。

16. 厉兵：《长海方言的儿化和子尾》，《方言》1981 年第 2 期。

17. 联合国教科文组织：《语言活力与语言濒危》，范俊军等译，《民族语文》2006 年第 3 期。

18. 刘虹：《语言态度对语言使用和语言变化的影响》，《语言文字应用》1993 年第 3 期。

19. 刘丽丽：《大连方言语音的过渡性特征》，《语言研究》2020 年第 3 期。

20. 刘俊一：《胶东话四声变三调的现状和趋势》，《汉字文化》2012 年第 5 期。

21. 罗福腾：《牟平方言的比较句和反复问句》，《方言》1981 年第 4 期。

22. 罗福腾：《山东方言里的反复问句》，《方言》1996 年第 3 期。

23. 麻晓芳：《东港方言声调说略》，《文化学刊》2009 年第 6 期。

24. 麦耘：《软腭辅音与硬腭过渡音的亲和性——一项语音演化研究》，《方言》2013 年第 3 期。

25. 亓海峰：《地名中的修辞现象——以胶辽官话村庄地名为例》，《阜阳师范学院学报》（社会科学版）2011 年第 5 期。

26. 亓海峰：《虎林方言濒危趋势的个案研究》，《南开语言学刊》2011 年第 1 期。

27. 亓海峰、李明兴：《辽宁东港方言“蟹止山臻”四摄端系字合口呼 u 介音的变异研究》，《开篇》2018 年第 1 期。

28. 亓海峰：《荣成方言见组细音字变异研究》，《语言科学》2022 年第 1 期。

29. 裘锡圭：《关于殷墟卜辞的命辞是否问句的考察》，《中国语文》1988 年第 1 期。

30. 钱曾怡、蔡凤书：《山东地区的龙山文化与山东方言分区》，《中国语文》2002 年第 2 期。

31. 钱曾怡：《山东方言的分区》，《方言》1985 年第 4 期。

32. 钱曾怡：《汉语方言学方法论初探》，《中国语文》1987 年第 4 期。

33. 钱曾怡：《古知庄章声母在山东方言中的分化及其跟精见组的关系》，《中国语文》2004 年第 6 期。

34. 桑宇红：《〈中原音韵〉知庄章声母研究中的几个问题》，《语言研究》2009 年第 3 期。

35. 宋学：《辽宁语音说略》，《中国语文》1963 年第 2 期。

36. 尚允川：《辽东半岛语音概况》，全国方言学会论文，安徽，1983 年。

37. 石锋：《天津方言双字组声调分析》，《语言研究》1986 年第 1 期。

38. 尉迟治平：《日本悉昙家所传古汉语调值》，《语言研究》1986 年第 2 期。

39. 吴永焕：《从〈方言〉所记地名看山东方言的分区》，《文史哲》2000 年第 6 期。

40. 吴永焕：《山东平度去声分归阴平、阳平的语音考察》，《语言研究》2006 年第 2 期。

41. 杨春宇：《辽宁方言语音研究》，《辽宁师范大学学报》2010 年第 5 期。

42. 杨春宇：《辽宁方言知、庄、章组的语音类型与特征》，《辽宁师范大学学报》2013 年第 1 期。

43. 游汝杰：《合璧词和汉语词汇的双音节化倾向》，《东方语言学》创刊号 2006 年。

44. 游汝杰：《吴语区的方言地理与自然地理》，《首届中国地理语言学国际学术研讨会论文集》，北京，2010 年。

45. 俞敏：《中州音韵保存在山东海边儿上》，《河北师范学院学报》1987年第3期。

46. 岳立静：《日照方言知庄章和精见端的读音类型》，《方言》2005年第3期。

47. 张光宇：《汉语方言合口介音消失的阶段性》，《中国语文》2006年第4期。

48. 张树铮：《胶辽官话的分区》，《方言》2007年第4期。

49. 张树铮、林珈亦：《山东东区方言知庄章二分的音值及其与精组声母的关系》，《语言科学》2023年第2期。

50. 张玉来：《〈中原音韵〉时代汉语声调的调类与调值》，《古汉语研究》2010年第2期。

51. 张滢、曹文：《大连方言单字调实验研究》，《第九届中国语音学学术会议论文集》，北京，2010年。

52. 张世方：《汉语方言三调现象初探》，《语言研究》2000年第4期。

53. 朱契：《满洲移民的历史和现状》，《东方杂志》1928年第25期。

54. 宫钦第：《胶东方言的历史演变》，浙江大学博士学位论文，2008年。

55. 罗福腾：《胶辽官话研究》，山东大学博士学位论文，1998年。

56. 麻晓芳：《东港方言与胶东方言语音比较研究》，南开大学硕士学位论文，2007年。

57. 潘晓东：《东港音系研究》，辽宁师范大学硕士学位论文，2004年。

58. 王笑舒：《大连方言词汇研究》，广西师范学院硕士学位论文，2010年。

59. 张琳丽：《大连方言特征词研究》，辽宁师范大学硕士学位论文，2021年。

60. Lien, Chinfa（连金发）, "Bidirectional Diffusion in Sound Change Revisited", *Journal of Chinese Linguistics*, 1993, Vol. 21, No. 2.

61. J. Siegel, "Koines and Koineization", *Language in Society*, 1985, Vol. 14, No. 3.

三、相关的方言志、地方志等

1. 大连市史志办公室：《大连市志·民俗志》，方志出版社2004年版。

2. 盖州市地方志编纂委员会办公室编：《盖州市志》，辽宁科学技术出版社2008年版。

3. 虎林县志编纂委员会编：《虎林县志》，中国人事出版社 1992 年版。
4. 姜岚等：《威海方言调查报告》，中国文史出版社 2006 年版。
5. 莱阳市史志编纂委员会编：《莱阳县志》，齐鲁书社 1995 年版。
6. 李洪廷编写，王希文审定：《平邑方言志》，平邑县志编纂委员会办公室，1987 年。
7. 罗福腾：《牟平方言志》，语文出版社 1992 年版。
8. 民国《复县志略》，1920 年。
9. 民国《宽甸县志》，1917 年。
10. 民国《岫岩县志》，1928 年。
11. 民国《桓仁县志》，1937 年。
12. 钱曾怡、罗福腾：《潍坊方言志》，潍坊市新闻出版局，1991 年。
13. 钱曾怡、太田斋、陈洪昕、杨秋泽：《莱州方言志》，齐鲁书社 2005 年版。
14. 钱曾怡：《烟台方言报告》，齐鲁书社 1982 年版。
15. 钱曾怡等：《诸城方言志》，吉林人民出版社 2002 年版。
16. 乾隆《盛京通志》，清乾隆四十三年（1778）殿排本。
17. 王淑霞：《荣成方言志》，语文出版社 1995 年版。
18. 岫岩县志编辑部编：《岫岩县志》，辽宁大学出版社 1989 年版。
19. 许敬文主编：《东沟县志》，辽宁人民出版社 1996 年版。
20. 营口市地方志编纂委员会编：《营口市志》，中国书籍出版社 1992 年版。
21. 于克仁：《平度方言志》，语文出版社 1992 年版。
22. 张廷兴：《沂水方言志》，语文出版社 1999 年版。
23. 《长海县志》编纂委员会编：《长海县志》，大连日报社印刷（内部发行），1984 年。
24. 赵日新、沈明等：《即墨方言志》，语文出版社 1991 年版。

附　录

附录1　次浊平声调查字表

挨、熬、呆、鹅、蛾、儿、来、狼、捞、劳、牢、雷、梨、离、犁、黎、凉、粱、粱、撩、林、凌、菱、留、笼、聋、炉、驴、锣、妈、忙、芒、猫、毛、媒、门、蒙、迷、绵、棉、苗、描、民、摩、磨、谋、拿、南、泥、年、耧、黏、牛、挪、瓤、饶、人、扔、仍、荣、龙、揉、围、文、纹、闻、蚊、巫、牙、芽、延、炎、盐、阎、檐、眼、羊、洋、阳、爷、摇、宜、移、迎、蝇、悠、尤、邮、游、鱼、榆、袁、云、匀、寅、昂、而、郎、廊、椤、篱、帘、廉、拦、兰、良、粮、量、辽、聊、邻、淋、刘、流、硫、榴、隆、连、临、楼、怜、莲、联、搂、卢、芦、箩、骡、伦、矛、茅、枚、盟、眠、明、鸣、铭、琉、能、尼、宁、凝、浓、奴、男、玩、绒、茸、容、融、柔、如、亡、王、危、微、为、违、桅、惟、维、蛮、瞒、无、吴、梧、雄、严、研、颜、尧、然、燃、姚、疑、盈、营、犹、娱、愉、愚、元、原、援、缘、源、辕、拈、仁、任、顽、言、员、圆、银、龈、锚、衙、厘、由

附录2　清入声调查字表

答、搭、鸽、眨、插、甲、压、鸭、跌、法、汁、湿、级、吸、擦、撒、渴、八、杀、瞎、憋、铁、节、切、脱、刷、雪、说、发、血、笔、七、膝、一、不、出、屈、托、作、各、脚、郭、桌、捉、北、鲫、熄、媳、国、百、伯、拍、客、摘、责、策、册、隔、积、脊、惜、只、尺、适、绩、锡、激、

吃、速、谷、哭、福、复、宿、竹、叔、菊、触、决、克、壁、革、德、测、恶、合、蛤、急、别、拔、醭、饺、亿、吓、闭、岳、错、阔、式、祝

附录3 单字调调查字表

阴平	梯、批、高、姑、三、家、哥、真、车、他
阳平	皮、题、爬、图、拔、甜、华、徐、达、闸
上声	比、米、把、土、伞、假、礼、马、体、塔
去声	弟、抱、部、坐、被、布、裤、怕、路、嫁

附录4 词汇调查条目[①]

一、天文气象

日、月、星、风、雨、雷、电、云、冰、雪、霜、天气（阴天、雨天、晴天等）

二、时间表达

一天的不同时刻（早上、天刚亮的时候、中午、下午、黄昏、晚上、凌晨、半夜等）、天、星期、月、季度、年、各种节日、不同的节令

三、方位地理

地形地貌（平地、高出平地的地方、坡地、洼地、丘陵、谷地等）、山川河流（小河、大河、泉、水塘、水池、高山、小山、土丘、山腰、山坡、山脚、山顶等）、房屋建筑（院子、房屋、店铺、寺庙等）、方位表达（前边、

① 参照游汝杰：《汉语方言学教程》，上海教育出版社2004年版，第255页。

后边、上边、下边、里面、外面、左边、右边、中间、附近、跟前等）

四、称呼

亲属类（曾祖父母、祖父母、外祖父母、父母亲、伯父、伯母、岳父、岳母、叔父、舅父、舅母、姑父、姑姑、公公、婆婆、夫妻、儿女、外孙、外甥、兄弟、姊妹、姑嫂等）、行业类（商贩、店铺经理店员、厨师、理发师、木匠、泥瓦匠、锔锅匠、从事建筑的、裁缝、教师、医生、司机、演员、变魔术的、接生婆、渔民、挖人参的、乞丐等）、性别类（老年男性、老年女性、中年男性、中年女性、青年男女、男孩、女孩、男性群体称谓、女性群体称谓等）

五、代词

你、我、他、谁、我们、你们、他们、这、那、这些、那些、这里、那里、哪里、什么、怎么

六、身体部位

1. 五脏（心、肝、脾、肺、肾）

2. 五官（眼睛、嘴巴、耳朵、鼻梁、鼻孔等）

3. 四肢（手臂、胳膊、肘、拳、手掌、手背、指甲、拇指、食指、膝盖、脚、大腿、小腿、脚脖等）、皮肤毛发（皮肤、麻子、眉毛、眼睫毛、辫子、头发、刘海、体毛等）

4. 身体其他部位（屁股、肚子、胸、腰、背、肩头、肩膀等）

七、与疾病或感觉有关的词

各类疾病（伤风感冒、化脓、拉肚子、恶心、肠胃炎、疟疾、黄疸、肝炎、癫痫、急性腮腺炎、长疮、水泡、红眼病、肿胀、夜游症、少白头、精神病等）、各种感觉（口渴、累、舒服、难受、饿、饱、头晕、头疼、担心、高兴、开心、紧张、慌张、害怕等）

八、动作行为

做饭、睡觉、吃饭、站立、坐、躺、蹲、喝水、喝酒、喝茶、倒酒、夹菜、哭、笑、闲聊、打架、吵嘴、玩、回家、上班、上学、下地干活、播种、

锄地、捉虫、喷药、收割、捕鱼、出海、修船等

九、红白喜事

男子结婚、女子出嫁、闹洞房、怀孕、喝喜酒、拜寿、给老人过生日、小孩满月、老人去世等

十、房屋及物件

房屋有关（房屋、背阴的房间、向阳的房间、院墙、进门院子里的墙、院子、厕所、过道、排水沟、厨房、睡觉的房间、会客的房间、顶棚、门槛、栅栏、窗户、纱窗等）、家畜棚圈（鸡窝、羊圈、猪圈等）、家具物件（家具、饭桌、凳子、抽屉、篮子、水桶、暖瓶、蒜槌子、脸盆、毛巾、肥皂、抹布、手电筒、灯、衣橱等）

十一、衣着服饰

衣服类（背心、短裤、褂子、长裤、裙子、外套、马甲、棉衣、毛衣、线衫、雨衣等）、鞋帽类（草帽、棉帽、布鞋、棉鞋、雨鞋、袜子等）、首饰类（耳环、戒指、项链、头箍、发卡等）

十二、饮食

日常饮食（早饭、午饭、晚饭、米饭、馒头、面条、煎饼、饺子、包子、饼、汤、粥、猪肉、羊肉、牛肉、鱼虾蟹、白酒、啤酒、咸菜等）、当地特色饮食、节日食品（粽子、元宵、年糕、月饼等）

十三、教育

教学活动、学习活动、教学设施

十四、游戏娱乐

传统游戏（变魔术、捉迷藏、舞狮子、翻跟头、踩高跷、扭秧歌、打扑克、打麻将、下象棋、滑冰等）、文体娱乐（说书、演戏、唱戏等）、玩具

十五、动物

家畜（马、牛、猪、猫、狗、羊、驴等）、家禽（鸡、鸭、鹅、鸽子等）、

野生动物（狼、虎、熊、黄鼠狼等）、昆虫（蝴蝶、知了、蝗虫、蚕、苍蝇、蚊子、蜻蜓、蟋蟀等）、爬虫（蛇、蜥蜴、壁虎、螃蟹、小虫子等）、鱼类（带鱼、鳝鱼、青鱼、鲤鱼等）

十五、植物

庄稼（小麦、玉米、谷子、高粱、大豆、花生、水稻等）、树木（柳树、杨树、榆树、槐树、杏树、梨树、树枝、树叶、树干、树梢、树根等）、花草（喇叭花、蒲公英、月季花、牡丹花、石榴花、向日葵、凤仙花等）、蔬菜（白菜、西红柿、茄子、卷心菜、土豆、红薯、山药、辣椒、萝卜等）

十六、形容词

漂亮、丑陋、干净、脏、聪明、笨、大方、自私、小气、老实、狡猾、厚道等

十七、副词

表示程度（很、最、有点、稍微、更加、尤其）、范围（大部分、有些、少量、全部、总共、只有）、时间频率（已经、刚刚、正在、经常、从来、终于、马上）、方式（突然、单独、偷偷、亲自、故意）、语气（难怪、当然、幸亏、也许）等

十八、介词

表示时间处所（从、到、在、顺着、沿着、自）、方式方法（按照、通过、根据、靠）、原因依据（因为、为了）、对象（对、关于、和）等

十九、连词

表示因果、条件、转折等各种关系

二十、量词

用来表示人、事物或动作的数量单位

二十一、拟声词

模拟自然界的各种声音

附录5 东港方言语言态度调查问卷

东港方言语言态度调查问卷（老年组）

您好！这是一份关于东港方言的调查研究问卷，请您按照真实的情况填写，您的答案对我们很重要，谢谢。

一、个人基本资料

姓名：________ 性别：________ 年龄：________ 出生地：________
职业：________ 文化程度：________
您会说：(1) 东港话______ (2) 普通话______ (3) 其他方言______
您的父亲是哪里人？____
您的母亲是哪里人？____

二、基本问题

1. 在学校上课时，老师、学生交流使用的语言情况：
1-1 普通话(1) 一直使用________ (2) 经常使用________
(3) 有时候使用________ (4) 不常使用________
(5) 不使用________
1-2 东港话(1) 一直使用________ (2) 经常使用________
(3) 有时候使用________ (4) 不常使用________
(5) 不使用________
2. 在家里，您和孩子说什么话？
2-1 普通话(1) 一直使用________ (2) 经常使用________
(3) 有时候使用________ (4) 不常使用________
(5) 不使用________
2-2 东港话(1) 一直使用________ (2) 经常使用________
(3) 有时候使用________ (4) 不常使用________
(5) 不使用________

3. 在家里，您和孙子、孙女说什么话？
3-1 普通话(1) 一直使用________ (2) 经常使用________
(3) 有时候使用________ (4) 不常使用________
(5) 不使用________
3-2 东港话(1) 一直使用________ (2) 经常使用________
(3) 有时候使用________ (4) 不常使用________
(5) 不使用________
4. 在家里，您和老伴说什么话？
4-1 普通话(1) 一直使用________ (2) 经常使用________
(3) 有时候使用________ (4) 不常使用________
(5) 不使用________
4-2 东港话(1) 一直使用________ (2) 经常使用________
(3) 有时候使用________ (4) 不常使用________
(5) 不使用________
5. 在街上，您和东港人说什么话？
5-1 普通话(1) 一直使用________ (2) 经常使用________
(3) 有时候使用________ (4) 不常使用________
(5) 不使用________
5-2 东港话(1) 一直使用________ (2) 经常使用________
(3) 有时候使用________ (4) 不常使用________
(5) 不使用________
6. 在路上，您和不认识的人用东港话、普通话还是其他方言说话？
(1) 东港话 (2) 普通话 (3) 其他方言
7. 去外地，您一般说什么话？
(1) 东港话 (2) 普通话 (3) 其他方言
8. 您最喜欢说哪种话？
(1) 东港话 (2) 普通话 (3) 其他方言
9. 您觉得普通话好听吗？
(1) 好听 (2) 不习惯
10. 您认为东港周围乡镇哪里的话好听？________________
哪里的话不好听？________________
11. 您对东港话的评价是：
亲切度：(1) 非常亲切 (2) 比较亲切 (3) 一般 (4) 不亲切
好听度：(1) 非常好听 (2) 比较好听 (3) 一般 (4) 不好听

有用度：(1) 非常有用　(2) 比较有用　(3) 一般　(4) 用处不大
身份：(1) 很有身份　(2) 比较有身份　(3) 一般　(4) 跟身份无关
12. 您对丹东话的评价是：
亲切度：(1) 非常亲切　(2) 比较亲切　(3) 一般　(4) 不亲切
好听度：(1) 非常好听　(2) 比较好听　(3) 一般　(4) 不好听
有用度：(1) 非常有用　(2) 比较有用　(3) 一般　(4) 用处不大
身份：(1) 很有身份　(2) 比较有身份　(3) 一般　(4) 跟身份无关
13. 您对东北话的评价是：
亲切度：(1) 非常亲切　(2) 比较亲切　(3) 一般　(4) 不亲切
好听度：(1) 非常好听　(2) 比较好听　(3) 一般　(4) 不好听
有用度：(1) 非常有用　(2) 比较有用　(3) 一般　(4) 用处不大
身份：(1) 很有身份　(2) 比较有身份　(3) 一般　(4) 跟身份无关
14. 您对普通话的评价是：
亲切度：(1) 非常亲切　(2) 比较亲切　(3) 一般　(4) 不亲切
好听度：(1) 非常好听　(2) 比较好听　(3) 一般　(4) 不好听
有用度：(1) 非常有用　(2) 比较有用　(3) 一般　(4) 用处不大
身份：(1) 很有身份　(2) 比较有身份　(3) 一般　(4) 跟身份无关
15. 东港人说普通话时哪些方面不容易说标准？(比如发音、词、句子等)

东港方言语言态度调查问卷（青少年组）

您好！这是一份关于东港方言的调查研究问卷，请您按照真实的情况填写，您的答案对我们很重要，谢谢。

一、个人基本资料

姓名：________　性别：________　年龄：________　出生地：________
文化程度：________
您会说：(1) 东港话______　(2) 普通话______　(3) 其他方言______
您的父亲是哪里人？________________________________
您的母亲是哪里人？________________________________

二、基本问题

1. 在学校上课和老师说话时使用语言的情况：
1-1 普通话（1） 一直使用________ （2） 经常使用________
（3） 有时候使用________ （4） 不常使用________
（5） 不使用________
1-2 东港话（1） 一直使用________ （2） 经常使用________
（3） 有时候使用________ （4） 不常使用________
（5） 不使用________
2. 在学校上课和同学说话时使用语言的情况：
2-1 普通话（1） 一直使用________ （2） 经常使用________
（3） 有时候使用________ （4） 不常使用________
（5） 不使用________
2-2 东港话（1） 一直使用________ （2） 经常使用________
（3） 有时候使用________ （4） 不常使用________
（5） 不使用________
3. 下课后或在街上遇到老师时使用语言的情况：
3-1 普通话（1） 一直使用________ （2） 经常使用________
（3） 有时候使用________ （4） 不常使用________
（5） 不使用________
3-2 东港话（1） 一直使用________ （2） 经常使用________
（3） 有时候使用________ （4） 不常使用________
（5） 不使用________
4. 下课后或在街上碰到同学时使用语言的情况：
4-1 普通话（1） 一直使用________ （2） 经常使用________
（3） 有时候使用________ （4） 不常使用________
（5） 不使用________
4-2 东港话（1） 一直使用________ （2） 经常使用________
（3） 有时候使用________ （4） 不常使用________
（5） 不使用________
5. 在家里，您和父母说什么话？
5-1 普通话（1） 一直使用________ （2） 经常使用________
（3） 有时候使用________ （4） 不常使用________
（5） 不使用________

5-2 东港话(1) 一直使用________　(2) 经常使用________
(3) 有时候使用________
(4) 不常使用________　(5) 不使用________

6. 在家里，您和爷爷、奶奶说什么话？

6-1 普通话(1) 一直使用________　(2) 经常使用________
(3) 有时候使用________　(4) 不常使用________
(5) 不使用________

6-2 东港话(1) 一直使用________　(2) 经常使用________
(3) 有时候使用________　(4) 不常使用________
(5) 不使用________

7. 在街上，您和东港人说什么话？

7-1 普通话(1) 一直使用________　(2) 经常使用________
(3) 有时候使用________　(4) 不常使用________
(5) 不使用________

7-2 东港话(1) 一直使用________　(2) 经常使用________
(3) 有时候使用________　(4) 不常使用________
(5) 不使用________

8. 在路上，您和不认识的人用东港话、普通话还是其他方言说话？

(1) 东港话　(2) 普通话　(3) 其他方言

9. 去外地，您一般说什么话？

(1) 东港话　(2) 普通话　(3) 其他方言

10. 您最喜欢说哪种话？

(1) 东港话　(2) 普通话　(3) 其他方言

11. 您觉得普通话好听吗？

(1) 好听　(2) 不习惯

12. 如果满分为5分，您认为自己普通话的水平为：

(1) 1分　(2) 2分　(3) 3分　(4) 4分　(5) 5分

13. 您认为东港周围乡镇哪里的话好听？________________
哪里的话不好听？________________

14. 您对东港话的评价是：

亲切度：(1) 非常亲切　(2) 比较亲切　(3) 一般　(4) 不亲切
好听度：(1) 非常好听　(2) 比较好听　(3) 一般　(4) 不好听
有用度：(1) 非常有用　(2) 比较有用　(3) 一般　(4) 用处不大
身份：(1) 很有身份　(2) 比较有身份　(3) 一般　(4) 跟身份无关

15. 您对丹东话的评价是：
亲切度：(1) 非常亲切 (2) 比较亲切 (3) 一般 (4) 不亲切
好听度：(1) 非常好听 (2) 比较好听 (3) 一般 (4) 不好听
有用度：(1) 非常有用 (2) 比较有用 (3) 一般 (4) 用处不大
身份：(1) 很有身份 (2) 比较有身份 (3) 一般 (4) 跟身份无关
16. 您对东北话的评价是：
亲切度：(1) 非常亲切 (2) 比较亲切 (3) 一般 (4) 不亲切
好听度：(1) 非常好听 (2) 比较好听 (3) 一般 (4) 不好听
有用度：(1) 非常有用 (2) 比较有用 (3) 一般 (4) 用处不大
身份：(1) 很有身份 (2) 比较有身份 (3) 一般 (4) 跟身份无关
17. 您对普通话的评价是：
亲切度：(1) 非常亲切 (2) 比较亲切 (3) 一般 (4) 不亲切
好听度：(1) 非常好听 (2) 比较好听 (3) 一般 (4) 不好听
有用度：(1) 非常有用 (2) 比较有用 (3) 一般 (4) 用处不大
身份：(1) 很有身份 (2) 比较有身份 (3) 一般 (4) 跟身份无关
18. 东港人说普通话时哪些方面不容易说标准？(比如发音、词、句子等)

附录6 虎林方言语言态度调查问卷

虎林方言语言态度调查问卷（老年组）

您好！这是一份关于虎林方言的调查研究问卷，请您按照真实的情况填写，您的答案对我们很重要，谢谢。

一、个人基本资料

姓名：________ 性别：________ 年龄：________ 出生地：________
如果您不是出生在虎林，那么您是哪一年搬到虎林的？________
职业：________ 文化程度：________
您会说：(1) 虎林话______ (2) 普通话______ (3) 其他方言______
您的父亲是哪里人？________________________________
您的母亲是哪里人？________________________________

二、基本问题

1. 在学校上课时，老师、学生使用语言的情况：

1-1 普通话(1) 一直使用________　(2) 经常使用________
(3) 有时候使用________　(4) 不常使用________
(5) 不使用________

1-2 虎林话(1) 一直使用________　(2) 经常使用________
(3) 有时候使用________　(4) 不常使用________
(5) 不使用________

2. 在家里，您和孩子说什么话？

2-1 普通话(1) 一直使用________　(2) 经常使用________
(3) 有时候使用________　(4) 不常使用________
(5) 不使用________

2-2 虎林话(1) 一直使用________　(2) 经常使用________
(3) 有时候使用________　(4) 不常使用________
(5) 不使用________

3. 在家里，您和孙子、孙女说什么话？

3-1 普通话(1) 一直使用________　(2) 经常使用________
(3) 有时候使用________　(4) 不常使用________
(5) 不使用________

3-2 虎林话(1) 一直使用________　(2) 经常使用________
(3) 有时候使用________　(4) 不常使用________
(5) 不使用________

4. 在家里，您和老伴说什么话？

4-1 普通话(1) 一直使用________　(2) 经常使用________
(3) 有时候使用________　(4) 不常使用________
(5) 不使用________

4-2 虎林话(1) 一直使用________　(2) 经常使用________
(3) 有时候使用________　(4) 不常使用________
(5) 不使用________

5. 在街上，您和虎林人说什么话？

5-1 普通话(1) 一直使用________　(2) 经常使用________
(3) 有时候使用________　(4) 不常使用________
(5) 不使用________

5-2 虎林话(1) 一直使用________　　(2) 经常使用________
(3) 有时候使用________　　(4) 不常使用________
(5) 不使用________

6. 在路上，您和不认识的人用虎林话、普通话还是其他方言说话？
(1) 虎林话　　(2) 普通话　　(3) 其他方言

7. 去外地，您一般说什么话？
(1) 虎林话　　(2) 普通话　　(3) 其他方言

8. 您最喜欢说哪种话？
(1) 虎林话　　(2) 普通话　　(3) 其他方言

9. 您觉得普通话好听吗？
(1) 好听　　(2) 不习惯

10. 您认为虎林周围乡镇哪里的话好听？________________
哪里的话不好听？________________

11. 您对虎林话的评价是：
亲切度：(1) 非常亲切　(2) 比较亲切　(3) 一般　(4) 不亲切
好听度：(1) 非常好听　(2) 比较好听　(3) 一般　(4) 不好听
有用度：(1) 非常有用　(2) 比较有用　(3) 一般　(4) 用处不大
身份：(1) 很有身份　(2) 比较有身份　(3) 一般　(4) 跟身份无关

12. 您对东北话的评价是：
亲切度：(1) 非常亲切　(2) 比较亲切　(3) 一般　(4) 不亲切
好听度：(1) 非常好听　(2) 比较好听　(3) 一般　(4) 不好听
有用度：(1) 非常有用　(2) 比较有用　(3) 一般　(4) 用处不大
身份：(1) 很有身份　(2) 比较有身份　(3) 一般　(4) 跟身份无关

13. 您对普通话的评价是：
亲切度：(1) 非常亲切　(2) 比较亲切　(3) 一般　(4) 不亲切
好听度：(1) 非常好听　(2) 比较好听　(3) 一般　(4) 不好听
有用度：(1) 非常有用　(2) 比较有用　(3) 一般　(4) 用处不大
身份：(1) 很有身份　(2) 比较有身份　(3) 一般　(4) 跟身份无关

虎林方言语言态度调查问卷（青少年组）

您好！这是一份关于虎林方言的调查研究问卷，请您按照真实的情况填写，您的答案对我们很重要，谢谢。

一、个人基本资料

姓名：________ 性别：________ 年龄：________ 出生地：________
如果您不是出生在虎林，那么您是哪一年搬到虎林的？________
文化程度：________
您会说：(1) 虎林话______ (2) 普通话______ (3) 其他方言______
您的父亲是哪里人？____
您的母亲是哪里人？____

二、基本问题

1. 现在学校上课时，您和老师说话时使用语言的情况：
1-1 普通话(1) 一直使用________ (2) 经常使用________
(3) 有时候使用________ (4) 不常使用________
(5) 不使用________
1-2 虎林话(1) 一直使用________ (2) 经常使用________
(3) 有时候使用________ (4) 不常使用________
(5) 不使用________
2. 在学校上课和同学说话时使用语言的情况：
2-1 普通话 (1) 一直使用________ (2) 经常使用________
(3) 有时候使用________ (4) 不常使用________
(5) 不使用________
2-2 虎林话(1) 一直使用________ (2) 经常使用________
(3) 有时候使用________ (4) 不常使用________
(5) 不使用________
3. 下课后或在街上遇到老师时使用语言的情况：
3-1 普通话(1) 一直使用________ (2) 经常使用________
(3) 有时候使用________ (4) 不常使用________
(5) 不使用________
3-2 虎林话(1) 一直使用________ (2) 经常使用________
(3) 有时候使用________ (4) 不常使用________
(5) 不使用________
4. 下课后或在街上碰到同学时使用语言的情况：
4-1 普通话(1) 一直使用________ (2) 经常使用________
(3) 有时候使用________ (4) 不常使用________
(5) 不使用________

4-2 虎林话（1） 一直使用________ （2） 经常使用________
（3） 有时候使用________ （4） 不常使用________
（5） 不使用________

5. 在家里，您和父母说什么话？

5-1 普通话（1） 一直使用________ （2） 经常使用________
（3） 有时候使用________ （4） 不常使用________
（5） 不使用________

5-2 虎林话（1） 一直使用________ （2） 经常使用________
（3） 有时候使用________ （4） 不常使用________
（5） 不使用________

6. 在家里，您和爷爷、奶奶说什么话？

6-1 普通话（1） 一直使用________ （2） 经常使用________
（3） 有时候使用________ （4） 不常使用________
（5） 不使用________

6-2 虎林话（1） 一直使用________ （2） 经常使用________
（3） 有时候使用________ （4） 不常使用________
（5） 不使用________

7. 在街上，您和虎林人说什么话？

7-1 普通话（1） 一直使用________ （2） 经常使用________
（3） 有时候使用________ （4） 不常使用________
（5） 不使用________

7-2 虎林话（1） 一直使用________ （2） 经常使用________
（3） 有时候使用________ （4） 不常使用________
（5） 不使用________

8. 在路上，您和不认识的人用虎林话还是普通话说话？

（1） 虎林话 （2） 普通话 （3） 其他方言

9. 去外地，您一般说什么话？

（1） 虎林话 （2） 普通话 （3） 其他方言

10. 您最喜欢说哪种话？

（1） 虎林话 （2） 普通话 （3） 其他方言

11. 您觉得普通话好听吗？

（1） 好听 （2） 不习惯

12. 您认为虎林周围乡镇哪里的话好听？____________________

哪里的话不好听？____________________

13. 您对虎林话的评价是：

亲切度：(1) 非常亲切 (2) 比较亲切 (3) 一般 (4) 不亲切

好听度：(1) 非常好听 (2) 比较好听 (3) 一般 (4) 不好听

有用度：(1) 非常有用 (2) 比较有用 (3) 一般 (4) 用处不大

身份：(1) 很有身份 (2) 比较有身份 (3) 一般 (4) 跟身份无关

14. 您对东北话的评价是：

亲切度：(1) 非常亲切 (2) 比较亲切 (3) 一般 (4) 不亲切

好听度：(1) 非常好听 (2) 比较好听 (3) 一般 (4) 不好听

有用度：(1) 非常有用 (2) 比较有用 (3) 一般 (4) 用处不大

身份：(1) 很有身份 (2) 比较有身份 (3) 一般 (4) 跟身份无关

15. 您对普通话的评价是：

亲切度：(1) 非常亲切 (2) 比较亲切 (3) 一般 (4) 不亲切

好听度：(1) 非常好听 (2) 比较好听 (3) 一般 (4) 不好听

有用度：(1) 非常有用 (2) 比较有用 (3) 一般 (4) 用处不大

身份：(1) 很有身份 (2) 比较有身份 (3) 一般 (4) 跟身份无关

附录7 东港方言配对变语调查的材料

由男、女两人用普通话和东港话各读一遍《北风与太阳的故事》，听完后请你用1到5之间的数字对录音人的特征进行打分，1为最低分，5为最高分。

语言	容貌好坏	友善程度	待人诚恳度	为人可靠度	精明程度	文化程度	富裕程度	社会地位高地	平均分
东港方言（女）									
东港方言（男）									
普通话（女）									
普通话（男）									

附录 8　东港方言词汇

一、天气

1. 日头 i^{51}tʰəu：太阳
2. 月亮 yuə^{51}liaŋ：月亮
3. 星 ɕiŋ^{51}：星星
4. 雪片子 ɕyə^{22}pʰiã^{42}tsɿ：雪
5. 扫帚星 sɔ^{22}tsəu^{34}ɕiŋ^{51}：彗星
6. 勺星 sɔ^{34}ɕiŋ^{51}：北斗星
7. 雾露麻子雨 vu^{42}luma^{22}tsɿy^{213}：毛毛雨
8. 小米粒子 ɕiɔ^{34}mi^{213}lei^{42}tsɿ：雪霰子
9. 冻 tuŋ^{442}：冰
10. 上冻 saŋ^{442}tuŋ^{31}：结冰
11. 雹子 pɔ^{42}tsɿ：冰雹
12. 冰串子 piŋ^{51}tsã^{442}tsɿ：冰锥
13. 冰溜子 piŋ^{51}tsui^{51}tsɿ：冰锥
14. 绛 tsiaŋ^{442}：虹
15. 煞风 sa^{34}fəŋ^{51}：风停了
16. 潲雨 sɔ^{42}y^{213}：潲雨
17. 太阳地 tʰɛ^{442}iaŋ^{31}t^{i21}：太阳照到的地方
18. 阴凉地 iən^{51}liaŋ^{442}ti^{21}：太阳照不到的地方
19. 山腰 sã^{34}iɔ^{51}：山腰子
20. 砬子 li^{42}tsɿ：比较高的山
21. 崴子 vei^{51}tsɿ：山崖
22. 河岸 xuə^{442}iã^{31}：河沿
23. 小丘陵 ɕiɔ^{213}tɕʰiu^{51}liŋ^{442}：小土包子
24. 泡沿 pʰɔ^{44}iã^{51}：池塘边
25. 坨子 tʰuə^{44}tsɿ：沙丘
26. 小泡子 pʰɔ^{42}tsɿ：小水池

27. 泡子 pʰɔ^{42}tsɿ：湖
28. 河岔子 xuə^{55}tsʰa^{42}tsɿ：河
29. 河流子 xuə^{55}liu^{42}tsɿ：河
30. 河沿 xuə^{42}iã：河边
31. 河沟子 xuə^{55}kəu^{42}tsɿ：河沟
32. 走道 tsəu^{21}tɔ^{442}：路
33. 土包 tʰu^{44}pɔ^{51}：土丘
34. 碱滩：tsiã^{34}tʰã^{51}：河滩
35. 坝梗 pa^{34}kəŋ^{51}：河堤
36. 山尖 sã^{34}tɕiã^{51}：山顶
37. 泉拉眼 tɕʰyã^{442}laiã^{21}：泉眼
38. 汤 tʰaŋ^{51}：温泉
39. 泥块儿 mi^{442}kʰuɛ^{31}：硬土块

二、时间

1. 昨个 tsuə^{42}kə：昨天
2. 夜儿 iə^{42}r：昨天
3. 今个 tsin^{51}kə：今天
4. 明个 miŋ^{42}kə：明天
5. 后个 xəu^{42}kə：后天
6. 头晌 tʰəu^{42}saŋ^{213}：上午
7. 晌会 sŋ^{22}xui^{442}：中午
8. 过晌 xuə^{42}saŋ^{213}：下午
9. 夜儿下黑 iə^{42}rɕia^{42}xə：昨天晚上
10. 过黑儿 kuə^{44}xə^{51}r：今天晚上
11. 才刚 tsʰɛ^{42}tɕiaŋ：刚才
12. 傍黑 paŋ^{34}xə^{51}：傍晚
13. 再早 tɛ^{42}tsɔ^{213}：过去
14. 打春 ta^{34}tsun^{51}：立春
15. 起先 tɕʰi^{34}ɕiã^{51}：开始的时候
16. 蒙蒙亮 məŋ^{34}məŋ^{34}liaŋ^{31}：天快亮的时候
17. 大建 ta^{442}tsin^{31}：阴历三十天的月份
18. 小建 ɕiɔ^{22}tsin^{42}：阴历二十九天的月份

19. 见天 $tsiã^{34}t^hiã^{51}$：每天
20. 成宿 $ts^həŋ^{42}ɕy^{213}$：每晚上
21. 接骨眼 $tɕiə^{51}ku^{22}iã^{213}$：关键时刻
22. 一盼子 $i^{22}p^hã^{42}tsɿ$：一段时间
23. 年根 $niã^{34}kən^{51}$：年底

三、地理位置、方位

1. 这旮 $tsə^{42}ka$：这里
2. 那旮 $na^{42}ka$：那里
3. 哪旮 $na^{22}ka$：哪里
4. 当央 $taŋ^{34}iaŋ^{51}$：中间
5. 上头 $saŋ^{42}t^həu$：上边
6. 下头 $ɕia^{42}t^həu$：下边
7. 里头 $li^{22}t^həu$：里边
8. 外头 $vɛ^{42}t^həu$：外边
9. 旮旯 $ka^{51}la^{42}$：角落
10. 犄角旮旯 $tɕi^{34}tɕiɔ^{213}ka^{51}la^{42}$：墙脚

四、称谓

1. 阿 a^{213}：我
2. 恁 $nən^{213}$、呐 na^{442}：你
3. 阿们 $a^{21}mən$：我们
4. 咱 tsa^{442}：咱
5. 爹 $tiə^{51}$：父亲
6. 老婆 $lɔ^{22}p^hə^{442}$：妻子
7. 男人 $nã^{442}iən^{31}$：丈夫
8. 闺娗 $kun^{51}niŋ$：女儿
9. 老爷爷 $lɔ^{213}iə^{42}iə$：曾祖父
10. 老奶奶 $lɔ^{213}nɛ^{21}nɛ$：曾祖母
11. 爷 $iə^{442}$：祖父
12. 奶 $nɛ^{213}$：祖母
13. 姥爷 $lɔ^{21}iə^{442}$：外祖父
14. 姥 $lɔ^{213}$：外祖母

15. 爹 tiə^{51}：父亲
16. 爸 pa^{442}：父亲
17. 娘 niaŋ^{442}：母亲
18. 大大 ta^{442}ta^{31}：伯父
19. 大妈 ta^{34}ma^{51}：伯母
20. 丈人 tsaŋ^{42}iən：岳父
21. 丈母娘 tsaŋ^{42}muniaŋ^{31}：岳母
22. 闺婷 ku^{n51}niŋ：女孩
23. 小片子 ɕiɔ^{213}pʰiã^{42}tsɿ：女孩
24. 嫚儿 mə^{51}r：女孩
25. 小子 ɕiɔ^{21}sɿ：男孩
26. 外甥闺婷子 vɛ^{42}səŋkun^{34}niŋ^{42}tsɿ：外甥女
27. 弟弟 ti^{42}ti：弟弟
28. 弟媳妇 ti^{34}ɕi^{42}fu：弟媳妇
29. 连襟 liã^{42}ɕin^{213}：姐姐的丈夫和妹妹的丈夫之间的亲戚关系
30. 老头子 lɔ^{213}tʰəu^{42}tsɿ：女人称呼丈夫
31. 老婆 lɔ^{22}pʰə^{442}：男性称呼妻子
32. 对象 tui^{442}ɕiaŋ^{31}：男女朋友或夫妻称呼对方
33. 老对 lɔ^{22}tui^{42}：搭档
34. 接壁 tsiə^{51}pei^{442}：邻居
35. 娘们 niaŋ^{42}mən：对成年女性的统称
36. 爷们 iə^{42}mən：对成年男性的统称
37. 对双 tui^{34}saŋ^{51}：双胞胎
38. 光棍汉子 kuaŋ^{51}kun^{442}xã^{42}tsɿ：单身汉
39. 跑腿子 pʰɔ^{34}tʰui^{213}tsɿ：单身汉
40. 后老婆 xou^{42}lɔ^{442}pʰə^{31}：再嫁的妇女
41. 孤老 ku^{51}lɔ：孤寡老人
42. 懒蛋子 lã^{213}tã^{42}tsɿ：懒汉
43. 二逼子 ɚ^{42}pi^{34}tsɿ：说得不算数的人
44. 乌娄达咋的 vu^{51}louta^{442}tsa^{42}ti：不务正业的人
45. 犟鸭子 tsiaŋ^{42}ia^{51}tsɿ：脾气倔强的人
46. 要饭的 iɔ^{34}fã^{42}ti：乞丐
47. 做买卖的 tsəu^{42}mɛ^{213}mɛ^{21}ti：做生意的人
48. 剃头的 tʰi^{42}tʰəu^{31}ti：理发师

49. 缝衣裳的 fəŋ^{42}i^{51}saŋti：小商贩
50. 吃劳金的 tsʰʅ^{51}lɔ^{42}tɕinti：有工资的人
51. 变戏法的 piã^{42}ɕi^{42}fa^{21}ti：演魔术的
52. 抠 kʰəu^{51}：吝啬的人
53. 白帽子 pɛ^{442}mɔ^{42}tsʅ：外行
54. 长嘴驴 tsʰaŋ^{42}tsui^{213}ly^{42}：长舌妇
55. 老疙瘩 lɔ^{213}ka^{51}ta：家里最小的孩子
56. 全福妇人 tɕʰyã^{42}fu^{31}fu^{42}in：儿女双全的妇女
57. 山东棒子 sã^{34}tuŋ^{51}paŋ^{42}tsʅ：从山东移民过来的人
58. 海南丢子 xɛ^{213}nã^{42}tiu^{51}tsʅ：从山东移民过来的人
59. 坐家户 tsuə^{34}tɕia^{51}xu^{31}：对东北本地户的称呼
60. 大裤裆 ta^{442}kʰu^{42}taŋ^{31}：朝鲜族
61. 绝户头 tɕyə^{42}xu^{31}tʰəu：没有子女的人
62. 跟脚子 kən^{51}tɕyə^{21}tsʅ：再婚夫妻婚前的孩子
63. 左撇子 tsuə^{34}pʰiə^{21}tsʅ：左撇子
64. 大舌子 ta^{442}sə^{42}tsʅ：大舌头
65. 小两口 ɕiɔ^{34}liaŋ^{22}kʰəu^{213}：刚结婚的小夫妻
66. 舅哥 tɕiu^{34}kə^{51}：大舅子
67. 娘们儿：niaŋ^{42}mər：结了婚的女人
68. 老爷们儿 lɔ^{34}iə^{42}mər：中年男人
69. 老毛子 lɔ^{34}mɔ^{42}tsʅ：俄罗斯
70. 要卦的 iɔ^{42}kua^{31}ti：算命的
71. 姑子 ku^{51}tsʅ：尼姑
72. 拉杂 la^{51}tsa^{42}：考试最后一名的学生
73. 老闷 lɔ^{22}mən^{42}：考试最后一名的学生
74. 矬子 tsʰuə^{42}tsʅ：个子矮的人
75. 接壁 tsiə^{51}pei^{442}：邻居
76. 拉杂 la^{51}tsa^{442}：考试最后一名的学生
77. 老闷 lɔ^{44}mən^{51}：考试最后一名的学生

五、身体部位及相关事物

1. 波拉盖 pə^{51}lakɛ^{42}：膝盖
2. 眉头 mei^{42}tʰəu^{31}：额头

3. 奶子 nɛ^{21}tsɿ：乳房
4. 脊溜杆子 tɕi^{51}liukã^{21}tsɿ：背
5. 肘子 tsəu^{42}tsɿ：胳膊肘
6. 肋巴 le^{i42}pa：肋骨
7. 腋窝 iə^{42}və：胳肢窝
8. 胳膀 kə^{51}paŋ^{42}：胳膊
9. 膀子 paŋ^{21}tsɿ：胳膊
10. 小雀 ɕiɔ^{22}tɕʰyə^{442}：男人生殖器官
11. 鸡巴 tɕi^{51}pa：男人生殖器官
12. 天灵盖 tʰiã^{51}liŋ^{42}kɛ^{31}：囟门
13. 旋儿 ɕyə^{42}r：头上的璇儿
14. 脖梗 pə^{34}kəŋ^{213}：脖子
15. 眼眵 iã^{34}tsʰɿ^{51}：眼屎
16. 耳蛹子 ɚ^{34}yŋ^{213}tsɿ：耳屎
17. 鼻汀 pi^{34}tʰiŋ^{51}：鼻涕
18. 鼻圪子 pi^{34}kə^{51}tsɿ：鼻屎
19. 耳朵 ɚ^{21}təu：耳朵
20. 吃水 tsʰɿ^{51}sui^{21}：口水
21. 巴巴 pa^{51}pa：大便
22. 腚 tiŋ^{442}：屁股
23. 腮帮子 sɛ^{34}paŋ^{51}tsɿ：腮
24. 脸腮 liã^{34}sɛ^{51}：腮
25. 腋窝 iə^{34}və^{51}：胳肢窝
26. 拐头 kuɛ^{34}tʰəu^{42}：肘
27. 指甲 tsɿ^{34}tɕia^{51}：手指盖
28. 疅子 tsiaŋ^{51}tsɿ：茧子
29. 脊溜杆子 tɕi^{51}liukã^{21}tsɿ：脊梁
30. 瓦沿 va^{22}iã^{442}：眉毛
31. 兔巴 tʰu^{42}pa：小辫
32. 斗 təu^{213}：手上的螺纹、簸箕
33. 龇牙 tsʰɿ^{51}ia^{442}：大牙
34. 手盖 tsəu^{51}kɛ^{442}：手指甲

六、与疾病或感觉有关的词

1. 不愉作 pu^{42}y^{22}tsuə^{42}：不舒服

2. 跑肚 pʰɔ^{213}tu^{42}：拉肚子
3. 拉稀 la^{34}ɕi^{51}：拉肚子
4. 齁娄 ləu^{51}xəu^{42}：气管炎
5. 黄病 xuaŋ^{34}piŋ^{51}：肝炎
6. 痨病 lɔ^{42}piŋ^{31}：肺病
7. 卡脖病 kʰa^{22}pə^{42}piŋ^{31}：食道癌
8. 卡脖黄 kʰa^{22}pə^{42}xuaŋ^{31}：食道癌
9. 生疖子 səŋ^{34}tsiə^{51}tsɿ：生疮
10. 扎哄病 tsa^{51}xuŋpiŋ^{42}：治病
11. 药吊子 yə^{442}tiɔ^{42}tsɿ：中药锅
12. 下干针 ɕia^{42}kã^{34}tsən^{51}：针灸
13. 炸腮 tsia^{34}sɛ^{51}：急性腮腺炎
14. 热疙子 iə^{34}kə^{51}tsɿ：痱子
15. 转筋 tsuã^{34}tɕin^{51}：抽筋
16. 哈喇水 xa^{34}la^{51}sui^{213}：口水

七、与动作有关

1. 呔饭 tɛ^{22}fã^{42}：吃饭
2. 喝酒 xa^{51}tɕiu^{213}：喝酒
3. 铰手盖 tɕiɔ^{51}səu^{21}kɛ^{42}：剪指甲
4. 拉呱 la^{51}kua^{213}：闲谈
5. 唠嗑 lɔ^{34}kʰə^{51}：闲谈
6. 抬杠 tʰɛ^{42}kaŋ^{31}：吵嘴
7. 打围 ta^{22}vei^{42}：打猎
8. 薅 xɔ^{51}：拔草
9. 谩 mã^{442}：骗人
10. 放山 faŋ^{34}sã^{51}：采山参
11. 耍熊 sua^{22}ɕuŋ^{442}：耍赖
12. 干仗 kã^{42}tsaŋ^{31}：打架
13. 干架 kã^{42}tɕia^{31}：打架
14. 耍钱 sua^{22}tɕiã^{42}：打麻将
15. 赶礼 kã^{34}li^{213}：赴宴
16. 走亲戚 tsəu^{213}tɕʰin^{51}tɕʰin：走访亲戚

17. 拍巴掌 pʰei^{51}pa^{51}tsaŋ^{213}：拍手
18. 扒拉 pa^{51}la：翻东西
19. 提溜 tʰi^{34}liu^{51}：提
20. 撇 pʰiə^{213}：扔
21. 刺挠 tsʰɿ^{42}nɔ^{31}：挠
22. 踮脚 tiã^{34}tɕyə^{213}：踮脚
23. 眨咕眼 tɕi^{21}kuiã^{213}：眨眼
24. 疵打 tsʰɿ^{51}ta^{213}：骂
25. 叨磨 tɔ^{51}mə^{42}：反复说
26. 骟脸蛋子 sã^{42}liã^{22}tã^{42}tsɿ：骟巴掌
27. 上神 saŋ^{22}sən^{442}：发呆
28. 攋开 lɛ^{34}kʰɛ^{51}：用尖利的东西划开
29. 捺 nɛ^{213}：挤出水来
30. 浪 laŋ^{442}：打扮
31. 投 tʰəu^{442}：用清水洗衣服的最后一遍
32. 惯 kuã^{442}：娇惯孩子
33. 汰养 tʰɛ^{42}iaŋ：养活
34. 打站站 ta^{213}tsã^{42}tsã：遇冷打哆嗦
35. 糟残 tsɔ^{51}tsʰã^{42}：糟蹋
36. 搭伙 ta^{51}xuə^{213}：合伙
37. 掉向 tiɔ^{42}ɕiaŋ^{31}：迷路
38. 拉呱 la^{51}kua^{213}：给小孩讲故事
39. 胡咧咧 xu^{34}liə^{51}liə：胡说、乱说
40. 胡吹虚捧 xu^{34}tsʰui^{51}lã^{42}pʰəŋ^{213}：吹牛
41. 不吱声 pu^{442}tsɿ^{34}səŋ^{51}：沉默
42. 蹿蹿 tsʰan^{42}tsʰan^{31}：咬
43. 溇水 lã^{42}sui^{213}：游泳
44. 寻思 ɕin^{442}sɿ：想
45. 撗 xəŋ^{442}：扔
46. 干架：kã^{42}tɕia^{31}打架
47. 冻冰 tuŋ^{34}piŋ^{51}：结冰
48. 闻 vən^{442}：嗅
49. 攋 lɛ^{213}：撕
50. 放声 faŋ^{34}səŋ^{51}：吭声

51. 撒么 sa^{42}mə：四处看
52. 歇门 ɕiə^{51}mən^{42}：开门
53. 咕烟 ku^{34}iã^{51}：吸烟
54. 耍乎 sa^{21}xu：欺骗
55. 让……开了 iaŋ^{442}…kʰɛ^{51}liə：被人耍弄
56. 熊人 ɕyŋ^{42}iən^{31}：骗人
57. 划拉 xua^{42}la：收拾
58. 摆弄 pei^{21}luŋ：收拾
59. 归整 kui^{21}tsəŋ：整理
60. 压马路 ia^{42}ma^{21}lu：散步
61. 搁娄 kuə^{51}ləu：捣乱
62. 转向 tsã^{22}ɕiaŋ^{42}：迷路
63. 耍猫赖 sua^{213}mɔ^{51}lɛ^{42}：耍赖
64. 停当 tʰiŋ^{42}taŋ：生活安定
65. 舔巴 tʰiã^{21}pa：讨好某人
66. 踢登 tʰi^{51}təŋ：人死了
67. 来彪 lɛ^{34}piɔ^{51}：胡说八道
68. 扯淡 tsʰə^{22}tã^{42}：胡说八道
69. 作索 tsuə^{42}suə：浪费
70. 挡害 taŋ^{22}xɛ^{42}：碍事
71. 扣腚 kʰəu^{42}tiŋ^{31}：打扑克扣底
72. 拐 kuɛ^{213}：碰
73. 刮赤 kua^{42}tsʰɿ：剥削
74. 扒拉 pa^{42}la：速度很快地吃饭
75. 扪 mən^{442}：打
76. 侅 xɛ^{51}：砸
77. 攮 naŋ^{213}：捅
78. 锚 miɔ^{442}：用石头打人
79. 哄送 xuŋ^{21}suŋ：劝告
80. 狗样 kəu^{21}iaŋ：唆使
81. 尿尿 niɔ^{42}niɔ^{31}：撒尿
82. 拉巴巴 la^{51}pa^{21}pa：拉大便
83. 喊乎 xã^{21}xu：呵斥
84. 咋呼 tsa^{51}xu：大声喊

85. 插当 tsʰa^{51}taŋ：加塞
86. 堌拥 ku^{42}yŋ：移动
87. 藏猫乎 tsʰaŋ^{442}mɔ^{42}xu：捉迷藏
88. 扤 kʰuɛ^{213}：挠痒痒
89. 哈 xa^{442}：倒塌
90. 惹乎 iə^{21}xu：招惹
91. 耳事 ɚ^{51}sɿ^{42}：理会
92. 舞扎 vu^{21}tsa：乱做动作
93. 熥饭 tʰəŋ^{51}fã^{42}：蒸饭
94. 贺喜住 xə^{442}ɕin^{21}ʨy：温锅
95. 说媳妇 suə^{51}ɕi^{51}fu：说媒
96. 稀罕 ɕi^{51}xã：喜欢
97. 放赖 faŋ^{42}lɛ^{31}：撒泼
98. 扎古 tsa^{51}ku：治病
99. 揾 ən^{442}：放
100. 抬杠 tʰɛ^{42}kaŋ^{31}：吵嘴
101. 捺 lɛ^{213}：挤出水来
102. 择 tsei^{442}：用手把物体表面的灰尘抹掉
103. 咕烟 ku^{44}iã^{51}：吸烟
104. 踡 tɕyã^{213}：踢
105. 耍乎 sua^{213}xu：欺骗
106. 哄送 xuŋ^{21}suŋ：劝告
107. 熥饭 təŋ^{51}vã^{442}：蒸饭
108. 煳 xu^{51}：煮

八、与红白喜事或民俗有关的词语

1. 养老女婿 iaŋ^{34}lɔ^{213}ny^{21}ɕy：倒插门
2. 伴郎 pã^{42}laŋ^{213}：伴郎
3. 有喜 iəu^{34}ɕi^{51}：怀孕
4. 看欢气 kʰã^{34}xuã^{51}ɕi：生小孩喝喜酒
5. 赶礼 kã^{34}li^{213}：结婚喝喜酒
6. 回门 xui^{42}mən^{31}：婚后回娘家
7. 老了 lɔ^{21}lə：老人去世

8. 茔地 iŋ^{42}ti^{31}：坟地

9. 将媳妇 tsiaŋ^{34}ɕi^{51}fu：娶媳妇

10. 出门子 tsʰu^{51}mən^{21}tsɿ：女人出嫁

11. 上梁 saŋ^{42}liaŋ^{31}：安装正屋的大梁

12. 落地红 luə^{42}ti^{22}xuŋ^{31}：建好的新房在房架上两边要搭块红布，垂到地上以示吉利。

13. 掌篷 tsaŋ^{213}pʰəŋ^{51}：升帆。渔民船上忌“翻、扣、漏”，船帆的帆用篷，掌篷就是升帆。

14. 袄 ɔ^{213}：一年四季的衣服都叫“袄”。

15. 靰鞡鞋 vu^{44}la^{51}ɕie：东港方言中有些词来自满语，满族冬天穿的大头棉鞋叫“靰鞡”。

16. 馇子 tsʰa^{42}tsɿ：旧时玉米是居民的主食，将玉米碾碎，磨成面，磨得比较粗的玉米面叫“馇子”。

17. 渣条 tsʰa^{51}tʰiɔ^{31}：类似面条，用玉米粉做成。

18. 酸汤子 sã^{44}tʰaŋ^{51}tsɿ：用玉米做的面条，现在是东港一带的特色食品。

19. 煎饼 tɕiã^{51}piŋ^{213}：二月二食用，类似煎饼果子，用荞麦面或白面做成。

20. 八样干饭 pa^{51}iaŋ^{42}kã^{51}fã：腊八节时喝的粥，要放红枣、豆子等八种食品。

21. 海青房 xɛ^{213}tɕʰiŋ^{44}vaŋ^{42}：旧时富裕人家用石头砌房，房顶毡大苇或青瓦，称“海青房”。

22. 火炕 xuə^{213}kʰaŋ^{42}：用土坯或砖砌成的睡觉用的长方台，上面铺席，下面有孔道跟烟囱相通，冬天可烧火取暖。

23. 看媳妇 kʰã^{42}ɕi^{44}fu：相亲。

24. 送日子 suŋ^{442}i^{44}tsɿ：定亲以后男方去女方家送帖商定结婚的日期。

25. 拜席 pɛ^{42}ɕi^{31}：结婚宴请时，新郎要向各桌的客人敬酒行礼，称为“拜席”。

26. 全福妇人 tɕʰyã^{42}fu^{31}fu^{42}iən：儿女双全的妇女，一般新娘进门时由儿女双全的妇女陪同。

27. 上头饺子 saŋ^{42}tʰou^{31}tɕiɔ^{21}tsɿ：婚礼时新娘要喂新郎吃饺子，寓意婚姻和美，称“上头饺子”。

28. 坐福 tsuə^{42}fu：新娘新郎入洞房。

29. 抓周 tsua^{44}tsəu^{51}：孩子一周岁时举行的一种仪式，摆上各种物品让孩子抓取，民间认为通过孩子抓取的东西可以看出孩子将来从事的职业。

30. 长命丝 tsʰaŋ^{42}miŋ^{31}sɿ：端午节小孩腕部系五色丝线，称“长命丝”。

九、房屋及器皿

1. 茔地 iŋ^{42}ti^{31}：坟地
2. 屯 tʰən^{442}：村庄
3. 屯子 tʰən^{42}tsɿ：村庄
4. 街里 ʨiə^{51}li：城市
5. 铺子 pʰu^{42}tsɿ：店铺
6. 庙 miɔ^{442}：寺庙
7. 澡堂子 tsɔ^{21}tʰaŋ^{42}tsɿ：洗澡
8. 里间 li^{34}ʨiã^{51}：睡觉的房间
9. 外间 vɛ^{34}ʨiã^{51}：会客的房间
10. 茅祠 mɔ^{42}tsʰɿ^{31}：厕所
11. 茅楼 mɔ^{42}ləu^{31}：厕所
12. 茅坑 mɔ^{34}kʰəŋ^{51}：厕所
13. 外间地 vɛ^{42}ʨiã^{31}ti^{442}：厨房
14. 门坎子 mən^{442}ʨʰiã^{42}tsɿ：台阶
15. 锅台子 tsɔ^{42}tʰɛ^{31}tsɿ：锅灶
16. 釜台 fu^{22}tʰɛ^{42}：烟筒
17. 便所 piã^{42}suə^{213}：厕所
18. 茅屎坑 mɔ^{42}sɿ^{213}kʰəŋ^{42}：厕所
19. 茅厕 mɔ^{42}tsʰə^{31}：厕所
20. 马葫芦 ma^{213}xu^{42}ləu：下水道
21. 下水沟 ɕia^{42}sui^{213}kəu^{51}：下水道
22. 洋镐 iaŋ^{42}kɔ^{31}：镐
23. 木锨 mu^{34}ɕiã^{51}：锨
24. 镢头 tɕyə^{42}tʰəu^{31}：镢
25. 洋钉子 iaŋ^{442}tiŋ^{51}tsɿ：钉子
26. 虾穴子 ɕia^{51}ɕyə^{42}tsɿ：养鱼池
27. 尿盆子 niɔ^{44}pʰən^{42}tsɿ：尿盆
28. 尿壶子 niɔ^{44}xu^{42}tsɿ：尿盆
29. 笤帚 tʰiɔ^{42}tsəu：炊帚
30. 锅铲子 kuə^{51}tsʰã^{21}tsɿ：锅铲
31. 擀面杖子 kã^{22}miã^{42}tsaŋ^{42}tsɿ：擀面杖

32. 家什 tɕia^{51}sɿ：家具
33. 饭桌 fã^{34}tsuə^{51}：桌子
34. 杌凳 vu^{42}təŋ^{31}：方凳
35. 马扎 ma^{34}tsa^{51}：小凳子
36. 条凳 tʰiɔ^{42}təŋ^{31}：长凳
37. 抽匣 tsʰəu^{51}ɕia：抽屉
38. 筲 sɔ^{51}：水桶
39. 把筲 pa^{34}sɔ^{51}：水桶
40. 暖壶 nã^{22}xu^{42}：暖瓶
41. 蒜臼子 sã^{42}tɕiu^{31}tsɿ：蒜锤子
42. 铜盆子 tʰuŋ^{42}pʰən^{31}：脸盆
43. 手巾 səu^{34}tɕin^{51}：毛巾
44. 胰子 i^{42}tsɿ：肥皂
45. 抹桌布子 ma^{34}tsuə^{51}pu^{42}tsɿ：抹布
46. 洋火 iaŋ^{42}xuə^{213}：火柴
47. 电棒子 tiã^{42}paŋ^{31}tsɿ：手电筒
48. 擦腚纸 tsʰa^{51}tiŋ^{42}tsɿ^{213}：手纸
49. 手杖 səu^{22}tsaŋ^{42}：拐棍
50. 坠子 tsui^{42}tsɿ：耳环
51. 镏子 liu^{51}tsɿ：戒指
52. 镯子：tsuə^{42}tsɿ 手镯
53. 笸箩 luə^{42}kʰaŋ^{31}：放针线活的筐子
54. 炕 kʰaŋ^{442}：床
55. 柳条筐 liu^{22}tʰiɔ^{42}kʰaŋ^{51}：放东西的大筐
56. 炕柜 kʰaŋ^{42}kui^{31}：床上放衣服的柜子
57. 炕琴 kʰaŋ^{42}tɕʰin^{31}：床上放衣服的柜子
58. 衣柜 i^{42}kui^{31}：衣橱
59. 碗柜子 vã^{213}kui^{42}tsɿ：橱柜
60. 碗匣子 vã^{213}ɕia^{42}tsɿ：橱柜
61. 筷抽子 kʰuɛ^{34}tsʰəu^{51}tsɿ：放筷子的地方
62. 电驴 tiã^{42}ly^{31}：摩托车
63. 杂货社 tsa^{34}xuə^{42}sə^{31}：小铺
64. 大板车 ta^{42}pã^{34}tsʰə^{51} 卡车
65. 三轮耗子 sã^{51}lən^{42}xɔ^{42}tsɿ：三轮车

66. 板的 pã^{21}ti：人力车
67. 桨 tsiaŋ^{442}：船桨
68. 櫓 lu^{213}：船桨
69. 毛绳 mɔ^{42}səŋ^{31}：船上的缆绳
70. 厢房 siaŋ^{51}faŋ^{42}：背阴的房间
71. 屋弄 vu^{51}nuŋ^{42}：过道
72. 影壁墙 iŋ^{22}pei^{34}tɕʰiaŋ^{42}：进门院子的墙
73. 风匣 fəŋ^{51}çia^{42}：风箱
74. 梁圪子 liaŋ^{34}kə^{42}tsɿ：房屋的上梁
75. 偏厦子 pʰiã^{51}sia^{42}tsɿ：储藏室
76. 棚厦 pʰəŋ^{42}sa^{31}：储藏室
77. 臭油子 tsʰəu^{42}iəu^{31}tsɿ：沥青
78. 尿盆子 niɔ^{42}pʰən^{31}tsɿ：尿盆
79. 尿瓮子 niɔ^{34}sɿ^{51}tsɿ：尿盆
80. 茅石 mɔ^{42}sɿ：石头
81. 棒子 paŋ^{42}tsɿ：棍子
82. 铅笔蹭子 tɕʰiã^{51}pei^{213}tsʰəŋ^{42}tsɿ：橡皮
83. 耳包 ɚ^{44}pɔ^{51}：耳罩

十、衣服、饮食

1. 袄 ɔ^{213}：衣服的统称
2. 外罩 vɛ^{42}tsɔ^{31}：外套
3. 夹袄子 tɕia^{51}ɔ^{21}tsɿ：带里子的外衣
4. 褂子 kua^{42}tsɿ：单衣
5. 兜兜 təu^{51}təu：儿童肚兜
6. 褯子 tɕiə^{51}tsɿ：尿布
7. 乌露毛 vu^{51}lu^{22}mɔ^{42}：棉鞋
8. 奶兜 nɛ^{34}təu^{51}：文胸
9. 嘎达板儿 ka^{51}tapə^{21}r：拖鞋
10. 晌饭 saŋ^{34}fã^{51}：早饭
11. 中饭 tsuŋ^{51}fã^{42}：午饭
12. 干饭 kã^{51}fã^{42}：米饭
13. 卷子 tɕyã^{21}tsɿ：馒头

14. 饽饽 pʰə^{42}pʰə：馒头
15. 豆饽 təu^{51}pə：豆沙包
16. 卷糕 tɕyã^{34}kɔ^{51}：卷子
17. 稀粥 ɕi^{34}tsəu^{51}：粥
18. 米汤 mi^{34}tʰaŋ^{51}：稀饭
19. 高丽米 kɔ^{51}li^{42}mi^{213}：高粱米
20. 发糕 fa^{34}kɔ^{51}：年糕
21. 麻烫 ma^{42}tʰaŋ^{31}：油条
22. 牛舌头 niu^{42}sə^{22}tʰəu^{31}：类似牛舌的一种面食
23. 苏叶糕 su^{34}iə^{34}kɔ^{51}：苏子叶做成的糕点
24. 鲜面 siã^{51}miã^{42}：味精
25. 梨糕 lei^{34}kɔ^{51}：冰糖葫芦
26. 下水 sa^{34}sui^{51}：动物的内脏
27. 下货 sa^{34}xuə^{51}：动物的内脏
28. 酸汤子 sã^{34}tʰaŋ^{51}tsʅ：用玉米做的面条。
29. 大碴子 ta^{34}tsʰa^{51}tsʅ：磨得比较粗的玉米粒
30. 小碴子 ɕiɔ^{34}tsʰa^{51}tsʅ：磨得比较细的玉米粒
31. 汤碴子 tʰaŋ^{34}tsʰa^{51}tsʅ：带汤的玉米饭
32. 大油 ta^{34}iou^{51}：猪油
33. 豆油 təu^{42}iou^{31}：豆油
34. 鱼泡 y^{42}pʰɔ^{31}：鱼鳔
35. 苞米面 pɔ^{51}mi^{213}miã^{42}：玉米面
36. 菜角 tsʰɛ^{34}tɕyə^{51}：蔬菜包子
37. 苞米粥 pɔ^{51}mi^{21}tsəu^{51}：玉米粥
38. 片汤 pʰiər^{42}tʰaŋ^{31}：面片粥
39. 疙瘩汤 ka^{51}tatʰaŋ^{51}：面汤
40. 萝卜疙子 luə^{42}pei^{22}ka^{51}tsʅ：萝卜咸菜
41. 猪爪子 tsu^{51}tsua^{213}tsʅ：猪蹄子
42. 地豆子 ti^{42}təu^{31}tsʅ：土豆
43. 地包 ti^{34}pɔ^{51}：土豆
44. 土豆 tʰu^{22}təu^{42}：土豆
45. 洋柿子 iaŋ^{42}sʅ^{31}tsʅ：西红柿
46. 栗果 lei^{42}kuə^{213}：板栗
47. 忌讳 tɕi^{42}xui^{31}：醋

48. 毛壳 mɔ^{34}kʰuə^{51}：葵花籽
49. 疙瘩白 ka^{34}ta^{22}pei^{42}：卷心菜
50. 粉子 fən^{21}tsɿ：淀粉

十一、游戏

1. 变戏法 piã^{442}ɕi^{42}fa^{21}：变魔术
2. 藏猫 tsʰaŋ^{34}mɔ^{51}：捉迷藏
3. 跳格 tʰiɔ^{42}kə^{31}：跳房
4. 起跟头 tɕʰi^{213}kən^{51}təu：翻跟头
5. 耍狮子 sua^{213}sɿ^{51}tsɿ：舞狮子
6. 鞭仗 piã^{51}tsaŋ^{42}：放鞭炮
7. 趾冰 tsʰɿ^{34}piŋ^{51}：滑冰
8. 打趾溜滑 ta^{213}tsʰɿ^{34}liu^{51}xua^{42}：滑冰
9. 漤水 lɛ^{34}sui^{213}：游泳
10. 定老头 tiŋ^{442}lɔ^{22}tʰəu^{42}：猜拳
11. 耍钱 sua^{22}tɕʰiã^{42}：玩麻将

十二、牲畜

1. 儿马 ɚ^{42}ma^{213}：公马
2. 骒马 kʰuə^{51}ma^{213}：母马
3. 犍子 tɕiã^{41}tsɿ：公牛
4. 女牛 ny^{22}niu^{42}：母牛
5. 郎猫 laŋ^{34}mɔ^{51}：公猫
6. 牙猫 ia^{34}mɔ^{51}：公猫
7. 女猫 ny^{34}miɔ^{51}：母猫
8. 跑栏子 pʰɔ^{213}lã^{42}tsɿ：公猪
9. 跑猪 pʰɔ^{22}tɕy^{42}：公猪
10. 老闷猪 lɔ^{213}mən^{34}tɕy^{51}：母猪
11. 老母猪 lɔ^{213}mu^{34}tɕy^{51}：母猪
12. 叫驴 tsiɔ^{34}ly^{51}：公驴
13. 骒驴 kʰuə^{42}ly^{31}：母驴
14. 驴崽 ly^{42}tsɛ^{213}：小驴
15. 牙狗 ia^{42}kəu^{213}：公狗

16. 郎猫 laŋ^{34}mɔ^{51}：公猫
17. 牙猫 ia^{34}mɔ^{51}：公猫
18. 女猫 ny^{34}mɔ^{51}：母猫
19. 黑瞎子 xə^{51}ɕia^{51}tsɿ：熊
20. 黄皮狼 xuaŋ^{42}pʰi^{31}laŋ^{42}：黄鼠狼
21. 黄皮子 xuaŋ^{42}pʰi^{31}tsɿ：黄鼠狼
22. 骚皮子 sɔ^{51}pʰi^{213}tsɿ：黄鼠狼
23. 张三 tsaŋ^{34}sã^{51}：狼
24. 耗子 xɔ^{42}tsɿ：老鼠
25. 茧蛹子 tsʰã^{34}yŋ^{213}tsɿ：蚕茧
26. 青歪子 tɕʰiŋ^{34}vɛ^{51}tsɿ：青蛙
27. 疥巴子 tɕiɛ^{31}pa^{21}tsɿ：蛤蟆
28. 赖疥巴子 lɛ^{42}tɕiɛ^{31}pa^{21}tsɿ：癞蛤蟆
29. 蜓蜓 tʰiŋ^{42}tʰiŋ：蜻蜓
30. 花大姐 xua^{51}ta^{42}tɕiə^{213}：瓢虫
31. 马蝎子 ma^{22}ɕiə^{51}tsɿ：蜥蜴
32. 老鸹子 lɔ^{34}kua^{51}tsɿ：乌鸦
33. 家雀 tɕia^{51}tɕyə^{42}：麻雀
34. 叨叨木 tɔ^{34}tɔ^{34}mu^{442}：啄木鸟
35. 长虫 tsʰaŋ^{42}tsʰuŋ：蛇
36. 鹁鸽 pu^{42}kə：鸽子
37. 嘞嘞蛛子 lə^{51}lətɕy^{51}：蜘蛛
38. 蚂蚁蛘 ma^{21}iiaŋ：蚂蚁
39. 曲蟮 tɕʰy^{51}tsʰã^{42}：蚯蚓
40. 曲蛇 tɕʰy^{51}sə^{42}：蚯蚓
41. 蛐蛐 tɕʰy^{34}tɕʰy^{51}：蟋蟀
42. 蚂蚱 ma^{22}tsa^{442}：蝗虫
43. 乖子 kuɛ^{21}tsɿ：蝈蝈
44. 刀螂 tɔ^{51}laŋ^{42}：螳螂
45. 蚂蚱 ma^{42}tsa^{31}：蝗虫
46. 带鱼 tɛ^{42}y^{31}：刀鱼
47. 蝴蝶 xu^{42}tʰiə^{31}：蝴蝶
48. 蝎虎 ɕiə^{51}xu：壁虎
49. 甩籽 sɛ^{34}tsɿ^{213}：鱼产卵

50. 虾耙子 ɕia^{51}pʰa^{42}tsɿ：琵琶虾
51. 夹板虾 ʨia^{51}pã^{213}ɕia^{51}：小龙虾
52. 狗虾 kəu^{34}ɕia^{51}：小河虾
53. 青虾 ʨʰiŋ^{34}ɕia^{51}：大河虾
54. 海锥 xɛ^{34}tsui^{51}：海螺
55. 肚皮球波骡 tu^{42}pʰi^{31}ʨiu^{442}pə^{51}luə：小泥螺
56. 泥溜子 mi^{34}liu^{51}tsɿ：泥螺
57. 毛蚶子 mɔ^{442}xã^{213}tsɿ：毛蟹
58. 蚬子 ɕiã^{42}tsɿ：贝类
59. 沙蚬子 sa^{34}ɕiã^{51}tsɿ：沙里的贝壳
60. 小人蚬 siɔ^{22}iən^{42}ʨiã^{442}：比较小的贝壳
61. 黄蚬子 xuaŋ^{42}ɕiã^{31}tsɿ：比较大的贝壳
62. 蛏子 tsʰəŋ^{51}tsɿ：扇贝
63. 文蛤 vən^{34}ka^{51}：蛤蚌
64. 花蛤 xua^{34}ka^{51}：蛤蚌
65. 河蟹 xə^{42}ɕiɛ^{31}：螃蟹
66. 肥蟹 fei^{42}ɕiɛ^{31}：螃蟹
67. 虎头蟹子 xu^{51}tʰəuɕiɛ^{42}tsɿ：螃蟹
68. 梭蟹子 suə^{34}ɕiɛ^{51}tsɿ：螃蟹
69. 花盖子 xua^{51}kɛ^{42}tsɿ：螃蟹
70. 烂天晴 lã^{42}tʰiã^{51}ʨʰiŋ^{442}：某种小海鱼
71. 厚溜板 xəu^{442}liu^{51}pã^{213}：某种小海鱼
72. 蚧巴鱼 ʨiɛ^{42}pay^{442}：某种小海鱼
73. 鱼扣 y^{42}kʰəu^{31}：某种小海鱼
74. 大头黄 ta^{42}tʰəu^{31}xuaŋ^{42}：黄花鱼
75. 八梢鱼 pa^{34}sɔ^{51}y^{51}：鱿鱼
76. 海兔子 xɛ^{213}tʰu^{42}tsɿ：章鱼
77. 墨斗鱼 mei^{42}təuy^{442}：小乌贼
78. 滑鱼 xua^{42}y^{31}：比目鱼
79. 光棍辫子 kuaŋ^{51}kun^{42}piã^{42}tsɿ：红鱼
80. 鲈子 lu^{42}tsɿ：鲈鱼
81. 鳖 piə^{51}：王八
82. 台鲅 tʰɛ^{42}pa^{31}：鲅鱼
83. 青鲅 ʨʰiŋ^{51}pa^{42}：鲅鱼

84. 泥溜沟子 mi^{42}liukəu^{51}tsɿ：泥鳅
85. 波螺 puə^{51}luə^{42}：海螺
86. 八搔子 pa^{34}sɔ^{51}tsɿ：章鱼
87. 搔蛤子 sɔ^{51}ka^{42}tsɿ：河蚌
88. 挺棒骨子 t^{h}iŋ^{213}kupaŋ^{51}tsɿ：河豚

十三、植物

1. 冬小麦 tuŋ^{51}ɕiɔ^{22}mei^{42}：小麦
2. 麦秸子 mei^{442}tɕiɛ^{51}tsɿ：麦秸
3. 苞米 pɔ^{51}mi^{213}：玉米
4. 苞米秸子 pɔ^{51}mi^{213}tɕiɛ^{51}tsɿ：玉米秆
5. 粳子 tɕiŋ^{51}tsɿ：大米
6. 地瓜 t^{i34}kua^{51}：红薯
7. 洋柿子 iaŋ^{442}sɿ^{42}tsɿ：西红柿
8. 婆婆丁 p^{h}ə^{42}p^{h}ətiŋ^{51}：蒲公英
9. 莪子 və^{42}tsɿ：蘑菇
10. 柴火枝子 ts^{h}ɛ^{42}xuətsɿ^{51}tsɿ：树枝
11. 树根子 ɕy^{442}kən^{51}tsɿ：根
12. 葛荆子 kə^{34}tɕiŋ^{51}tsɿ：葛条
13. 棒槌 paŋ^{34}ts^{h}ui^{51}：人参
14. 海菠菜 xɛ^{213}pə^{51}ts^{h}ɛ^{42}：海藻
15. 海靛青 xɛ^{213}tiã^{34}tɕ^{h}iŋ^{51}：海葵
16. 地果 ti^{42}kuə^{213}：草莓

十四、性状

1. 俊 ts^{h}un^{442}：漂亮
2. 巴丑 pa^{51}ts^{h}əu^{213}：丑
3. 砢碜 k^{h}ə^{51}ts^{h}ən^{42}：丑
4. 埋汰 mɛ^{42}t^{h}ɛ^{31}：脏
5. 埋来咕汰 mɛ^{42}lɛku^{51}t^{h}ɛ：脏
6. 彪 piɔ^{51}：笨
7. 笨当 pən^{42}taŋ：笨
8. 哈拉 xa^{51}la：油或肉变质

9. 驴兴兴 ly^{42}ɕiŋ^{34}ɕiŋ^{51}：脾气暴躁
10. 彪朝乎 piɔ^{51}tsʰɔxu：傻
11. 朝勒八乎的 tsʰɔ^{42}ləpa^{51}xuti：傻
12. 蝎虎 siə^{51}xu：厉害
13. 煞楞 sa^{51}ləŋ：能力高
14. 突噜反掌 tʰu^{51}lufã^{34}tsaŋ^{213}：办事不利索
15. 提溜拖罗 ti^{42}liutʰuə^{51}luə：连续不断
16. 拉拉撒撒 la^{51}lasa^{42}sa：不整洁
17. 木滋滋的 mu^{42}tsɿ^{51}tsɿti：迟钝
18. 老鼻子多 lɔ^{213}pi^{42}tsɿtuə^{51}：很多
19. 溜满 liu^{51}mã^{213}：满
20. 溜圆 liu^{51}yã^{42}：圆
21. 稀软 sɿ^{51}yã^{213}：软
22. 精稀 tsiŋ^{34}ɕi^{51}：稀
23. 稠 tsʰəu^{442}：挺稠
24. 老远 lɔ^{34}yã^{213}：远
25. 溜尖 liu^{34}tsiã^{51}：尖
26. 消 siɔ^{51}：薄
27. 卡乎乎的 kʰa^{213}xu^{22}xu^{21}ti：土气
28. 赖逼逼的 lɛ^{42}pi^{51}piti：装模作样
29. 贱拜拜的 ʨiã^{442}pɛ^{42}pɛ^{31}ti：轻佻
30. 大尾巴狼 ta^{42}i^{21}palaŋ^{442}：装模作样的人
31. 二尾子 ɚ^{42}i^{21}tsɿ：不男不女
32. 浪包 laŋ^{34}pɔ^{51}：爱打扮
33. 罗锅 luə^{34}kuə^{51}：驼背的人
34. 花白头 xua^{51}pei^{42}tʰəu^{31}：少白头
35. 赖叽叽的 lɛ^{34}ʨi^{51}ʨi^{31}ti：脾气不好
36. 拖勒 tʰuə^{51}lə：不利索
37. 羽齐 y^{22}ʨʰi^{42}：整洁
38. 熨帖 y^{34}tʰiə^{51}：舒服
39. 完了 vã^{42}lə：极了
40. 沮囊 tsu^{21}naŋ：让人厌烦
41. 各痒 kə^{42}iaŋ^{213}：让人讨厌
42. 狠溜溜的 xən^{213}liu^{34}liu^{34}ti：狠狠地

43. 嘚瑟 tə^{42}sə^{31}：炫耀
44. 磨叽 mə^{42}ʨi：磨蹭
45. 待人亲 tɛ^{42}iən^{31}ʨʰin^{213}：可爱
46. 灵头 liŋ^{42}tʰəu：聪明
47. 小抠 siɔ^{34}kʰəu^{51}：小气
48. 狗气 kʰəu213ʨʰi：小气
49. 狗气八脑的 kʰəu^{213}ʨʰipa^{51}nɔ^{213}：小气
50. 乍古溜秋的 ka^{213}kuliu^{42}ʨʰiuti：小气
51. 小鼻心眼 ɕiɔ^{34}pi^{213}ɕin^{51}iã^{213}：小心眼
52. 蔫斯 niã^{51}sɿ：慢
53. 吁叨 y^{51}tɔ：絮叨
54. 迷里魔登的 mi^{42}nimə^{42}təŋti：失魂落魄的样子
55. 五迷三叨的 vu^{34}mi^{42}sã^{34}tɔ^{51}ti：醉酒
56. 五拘六受的 vu^{34}ʨy^{51}liu^{42}səu^{31}ti：没有着落
57. 听说 tʰiŋ^{34}suə^{51}：听话
58. 熊包 ɕuŋ^{34}pɔ^{51}：易受人欺负
59. 熊蛋 ɕuŋ^{42}tã^{31}：易受人欺负
60. 饼子 piŋ^{21}tsɿ：窝囊
61. 懒蛋子 lã^{213}tã^{42}tsɿ：懒人
62. 面愧 miã^{42}tsʰã^{31}：腼腆
63. 二皮脸 ɚ^{42}pʰi^{31}liã^{213}：脸皮厚
64. 亮堂 liaŋ^{42}tʰaŋ：明亮
65. 宽朝 kʰuã^{51}tsʰɔ：宽敞
66. 吱吱冷 tsɿ^{34}tsɿ^{51}ləŋ^{213}：寒冷
67. 狗气 kəu^{22}ʨʰi^{42}：吝啬
68. 嘎不溜秋 ka^{22}pu^{42}liu^{42}ʨʰiu：办事干脆
69. 七高八矮 ʨʰi^{51}kɔ^{213}pa^{51}iɛ^{21}：路不平
70. 老实巴交 lɔ^{22}sɿ^{42}pa^{51}ʨyə^{213}：人很老实
71. 懈里懈怠 ɕiɛ^{42}liɕiɛ^{42}tɛ：人不精神
72. 王道 vaŋ^{34}tɔ^{51}：人凶横
73. 赖乎 lɛ^{51}xu：没有能力
74. 水缸子 sui^{213}kaŋ^{51}tsɿ：矮胖
75. 奸 ʨiã^{51}：奸猾
76. 嘎咕 ka^{34}ku^{51}：不聪明

77. 曲溜拐弯 tɕʰy^{51}liukuɛ^{22}vɛ^{42}：斜
78. 全乎 tɕyã^{42}xu：全面
79. 稀里马哈 ɕi^{51}lima^{21}xa：马虎
80. 猴精八怪 xəu^{34}tɕiŋ^{51}pa^{51}kuɛ^{42}：很精明
81. 小腚漂轻 ɕiɔ^{22}tiŋ^{42}pʰiɔ^{34}tɕʰiŋ^{51}：不稳重
82. 彪不浪叽 piɔ^{51}pu^{42}laŋ^{42}tɕi：傻乎乎的
83. 虎不浪叽 xu^{34}pulaŋ^{42}tɕi：勇敢
84. 虚头巴脑 ɕy^{51}tʰəu^{42}pa^{51}nɔ^{213}：不实在
85. 虚乎 ɕy^{51}xu：虚张声势
86. 血乎淋拉 ɕyə^{213}xulin^{42}la：血淋淋的
87. 仰壳 iaŋ^{22}kʰə^{42}：很生气
88. 起尸 tɕʰi^{34}sɿ^{51}：很吵闹
89. 老好了 lɔ^{213}xɔ^{21}lə：好极了
90. 有尿性 iəu^{213}niɔ^{42}ɕiŋ^{31}：（男人）有本事
91. 勒苦 lə^{42}kʰu^{213}：很苦
92. 稀甜 ɕi^{51}tʰiã^{42}：很甜
93. 焦牙酸 tɕiɔ^{34}ia^{34}sã^{51}：很酸
94. 死辣 sɿ^{34}la^{51}：很辣
95. 巴丑 pa^{51}tsʰəu^{213}：很丑
96. 透俊 tʰəu^{42}tɕyən^{31}：很俊
97. 焦黏 tɕiɔ^{51}niã^{42}：很黏
98. 滋滋冷 tsɿ^{34}tsɿ^{51}ləŋ^{213}：非常冷
99. 滋滋好吃 tsɿ^{34}tsɿ^{51}xɔ^{34}tsʰɿ^{51}：非常好吃
100. 发慌 fa^{34}xuaŋ^{51}：紧张
101. 毁了 xui^{21}liə：极了
102. 吓毁了 ɕia^{42}xui^{21}liə：害怕极了
103. 气毁了 tɕʰi^{42}xui^{21}liə：气极了
104. 通红 tʰuŋ^{51}xuŋ^{42}：红
105. 漂白 pʰiɔ^{51}pei^{42}：白
106. 血绿 ɕyə^{22}ly^{42}：绿
107. 焦黄 tɕiɔ^{51}xuaŋ^{42}：黄
108. 墨紫 mə^{51}tsɿ^{213}：紫
109. 墨黑 mə^{34}xə^{51}：黑
110. 瓦蓝 va^{22}lã^{42}：蓝

111. 锃亮 tsəŋ^{22}liaŋ^{42}：亮
112. 巴涩 pa^{51}sə^{42}：涩
113. 巴苦 pa^{51}kʰu^{213}：苦
114. 焦酸 tɕiɔ^{34}sã^{51}：酸
115. 齁咸 xəu^{51}ɕiã^{42}：咸
116. 斯辣 sɿ^{51}la^{42}：辣
117. 乔腥 tɕʰiɔ^{34}ɕiŋ^{51}：腥
118. 刺痒 tsʰɿ^{34}iaŋ^{51}：痒
119. 暴躁 pɔ^{42}tsɔ^{31}：脾气暴
120. 慢悠 mã^{42}iəu：脾气慢
121. 巴冷 pa^{51}ləŋ^{213}：水凉
122. 蔫拉 niã^{51}la：植物或人没有精神
123. 少命 sɔ^{42}miŋ^{31}：人比实际年龄显得年轻
124. 老相 lɔ^{22}ɕiaŋ^{42}：人比实际年龄显得老
125. 犟眼子 tsiaŋ^{42}iã^{21}tsɿ：人性格倔强
126. 麻溜的 ma^{34}liu^{51}ti：快一点
127. 疙瘩溜秋 ka^{34}ta^{51}liu^{34}tɕʰiəu^{51}：脸上有疙瘩
128. 生分 səŋ^{51}fən^{42}：关系生疏
129. 曲条 tɕʰy^{51}tʰiɔ^{42}：身材好
130. 小性烂怪的 ɕiɔ^{22}ɕiŋ^{42}lã^{42}kuɛ^{31}ti：小性
131. 埰 tsʰɛ^{213}：路上泥泞
132. 该言 kɛ^{51}iã^{42}：倒霉的事应验了
133. 卡乎 kʰa^{21}xu：土气
134. 彪乎 piɔ^{51}xu：傻
135. 吱吱冷 tsɿ^{44}tsɿləŋ^{213}：寒冷
136. 吱吱好吃 tsɿ^{44}tsɿxɔ^{213}tɕʰi^{442}：好吃

十五、副词

1. 才刚 tsʰɛ^{34}tsʰaŋ^{51}：刚才
2. 不大些 pu^{22}ta^{42}ɕiə^{51}：马上
3. 特为地 tei^{42}vei^{31}ti：故意
4. 冷不丁 ləŋ^{213}putiŋ^{51}：突然
5. 统共 tʰuŋ^{22}kuŋ^{42}：总共

6. 热毁了 iə^{442}xui^{213}lə：热得受不了了
7. 饿毁了 ə^{442}xui^{21}lə：饿得受不了了
8. 毁 xui^{213}：非常
9. 老鼻子 lɔ^{213}pi^{42}tsɿ：特别
10. 叫 tsɔ^{442}：被
11. 照着 tsɔ^{42}tsə：沿着
12. 一水儿 i^{51}sui^{213}r：都
13. 管多 kã^{34}tuə^{51}：一直
14. 敢来 kã^{22}lɛ^{42}：但是
15. 待早 tɛ^{42}tsɔ^{213}：从前
16. 刚么 kaŋ^{51}mə：估计
17. 没底儿 mei^{42}ti^{21}r：拿不准
18. 捏样 niə^{42}iaŋ：那样
19. 当捎 tʰaŋ^{34}siɔ^{51}：顺便
20. 没有抗 mei^{42}iəukʰaŋ^{31}：太厉害了
21. 头里 tʰəu^{42}ni：先
22. 海儿 xɛ^{21}r：特别多

十六、量词

1. 十拉个 sɿ^{42}lakə^{31}：十几个
2. 一嘟噜 i^{34}tu^{51}lu：一串
3. 一提溜 i^{34}ti^{42}liu：一串
4. 一拃 i^{34}tsa^{51}：一指的长度
5. 介八 tɕiɛ^{34}pa^{51}：一棵树上两个树枝间的距离
6. 一处房子 i34tsʰu^{42}faŋ^{42}tsɿ：一所房子

十七、拟声词

1. 当当 taŋ^{34}taŋ^{51}：敲东西的声音
2. 咚咚 tuŋ^{34}tuŋ^{51}：敲东西的声音
3. 咕嘟 ku^{34}tu^{51}：水开的声音
4. 胡通 xu^{34}tʰuŋ^{51}：动作大发出的声音

十八、詈语

1. 卡逼 kʰa^{34}pi^{51}：骂人笨

2. 彪子 piɔ^{51}tsɿ：骂人笨
3. 二逼子 ɚ^{34}pi^{51}tsɿ：可恨的、讨厌的人
4. 操蛋样 tsʰɔ^{34}tã^{42}iaŋ^{31}：骂人没本事
5. 鳖犊子 piə^{51}tu^{21}tsɿ：骂人没出息
6. 完蛋操 vã^{34}tã^{42}tsʰɔ^{31}：骂人没出息

附录9　虎林方言民俗词语

1. 踩高跷 tsʰɛ^{213}kɔ^{55}tɕʰiɔ^{31}：春节前后的一种娱乐活动，演员脚踩长木棍，表演各种节目。

2. 姜姥背姜婆 tɕiaŋ^{31}mupə^{53}tɕiaŋ^{31}pʰə^{53}：踩高跷中比较有名的一种节目，两个人共同踩在长木棍上表演。

3. 舞龙灯 vu^{213}luŋ^{55}təŋ^{213}：正月十五前后表演龙灯。

4. 跑旱船 pʰɔ^{213}xã^{53}tsʰuã^{31}：民间艺人站在纸扎的旱船内表演节目。

5. 挑花篮 tʰiɔ^{31}xua^{31}lã^{53}：两人或三人用手架成花篮的形状，另一个人坐在上面的一种游戏。

6. 地蹦子 ti^{53}pəŋ^{31}tsɿ：扭秧歌的一种。

7. 下五道 ɕia^{53}vu^{213}tɔ：儿童的传统游戏。

8. 打烟卷皮 ta^{213}iã^{31}tɕyã^{213}pʰi^{31}：儿童的传统游戏。

9. 挖棒槌 va^{31}paŋ^{53}tsʰui：挖山参。

10. 贴己钱 tʰiə^{31}tɕi^{213}tɕiã^{53}：女人留的私房钱。

11. 山货 sã^{31}xuə^{53}：山里的人参、蘑菇等东西统称“山货”。

12. 大碴子 ta^{53}tsʰa^{31}tsɿ：磨得比较粗的玉米粒。

13. 小碴子 ɕiɔ^{213}tsʰa^{31}tsɿ：磨得比较细的玉米粒。

14. 醋杀鱼 tsʰu^{53}sa^{31}y^{53}：虎林沿江一带流行的一种吃鱼方式，生鱼以醋腌过不煮就吃。

15. 毡帽头 tsã^{31}mɔ^{53}tʰou：老人冬天戴的棉帽。

16. 苇笠头 vei^{213}li^{53}tʰou：雨天戴的帽子。

17. 靰鞡 vu^{31}la：用动物皮毛做成的棉鞋。

18. 毡疙瘩 tsã^{31}ka^{31}ta：类似俄罗斯人穿的棉靴，长筒或短筒。

19. 马架子 ma^{213}tɕia^{53}tsɿ：类似马棚的草房。

20. 地窨子 ti^{53}i^{53}tsɿ：地窖。

21. 火炕 xuo^{213}xaŋ^{53}：用土坯或砖砌成的睡觉用的长方台，上面铺席，下面有孔道跟烟囱相通，冬天可烧火取暖。

22. 提亲 tʰi^{53}ʨʰi^{31}：媒人去女青年家说媒。

23. 媒柬 mei^{31}ʨiã^{213}：婚宴时请人吃喜酒的请帖。

24. 迎亲 iŋ^{53}ʨi^{31}：男方迎娶新娘。

25. 抓周 tsua^{55}tsou^{31}：孩子一周岁时举行的一种仪式，摆上各种物品让孩子抓取，民间认为通过孩子抓取的东西可以看出孩子将来从事的职业。

26. 做寿 tsuo^{53}sou^{31}：给老人过生日。

27. 头七 tʰou^{53}ʨʰi^{31}：人死后的第七天。

28. 烧七 sɔ^{55}ʨʰi^{31}：按照殡葬习俗，人死后每隔七天亲人给他们举行一次荐宴，至七七四十九天为止，称为“烧七”。

29. 报庙 pɔ^{53}miɔ^{31}：人死后为保佑魂灵升天，亲人为死者报庙。

30. 指路 tsɿ^{213}lu^{53}：送葬时的一个重要仪式，由亲人为死去的人指路，保佑其魂灵可以去好的地方。

31. 腊八 la^{53}pa：阴历十二月八日为腊八节，习俗是喝腊八粥。

32. 灶王爷 tsɔ^{53}vaŋ^{53}iə：传说中的财神。

33. 灶膛 tsɔ^{53}tʰaŋ：供养灶王爷的地方。

34. 忙年 maŋ^{55}niã^{53}：虎林一带过了小年就开始打扫庭院、蒸干粮，为过年做准备。

35. 蒸年糕 tsəŋ^{31}niã^{53}kɔ^{31}：一般年前要蒸玉米面糕，称“年糕”。

36. 回门 xui^{55}m^{53}：出嫁的女儿正月初三回娘家。

37. 龙剃头 luŋ^{55}tʰi^{53}tʰou：二月二剃头图吉利，称为“龙剃头”。

38. 老把头节 lɔ^{55}pa^{213}tʰou^{53}ʨiə^{31}：传说最早去东北采参的人是老把头，后来死在山上，后人为纪念他，把农历三月三定为老把头节。